Rund ums Mittelmeer

Die mediterrane Küche

Christoph Wagner | Franz Haslauer

Rund ums Mittelmeer

Die mediterrane Küche

Fotografiert von
Luzia Ellert und Johannes Kittel

Redaktionelle Mitarbeit:
Renate Wagner-Wittula

pichler verlag

Inhalt

IM PARADIES DER LEICHTEN GENÜSSE

Oliven, Kräuter, Wein und Meer. Mit diesen vier Elementen lässt sich der Mikrokosmos der mediterranen Küche sehr einfach charakterisieren. Die Fünfte im Bunde ist die Sonne – und alles andere ergibt sich von selbst. Doch die mediterrane Küche ist nicht nur die Küche des europäischen Südens, sondern sie ist vor allem auch die Erfüllung der Sehnsüchte des Nordens. Gibt es doch vermutlich kaum ein kulinarisches Thema, über das in den letzten Jahrzehnten so viel diskutiert und geschrieben wurde wie über die südliche Art zu genießen.

Der thematische Bogen reicht von der einfach-raffinierten toskanischen Bauernküche über die spanische Tapas- und die venezianische Fischküche bis hin zur Kreta-Diät und der Vielfalt südosteuropäischer Meze-Buffets.

Doch so einfach sich die mediterrane Küche zwischen Algarve und Antalya auch präsentieren mag, so viel kochtechnisches Know-how, Produktverständnis und Fingerspitzengefühl verlangen die Gerichte des Mittelmeers im Detail.

Das Kernstück des Buches bilden – nach der klassischen Menüfolge geordnet – die Rezepte aus allen Mittelmeerländern, bei deren Auswahl wir selbstver- ständlich keinen Anspruch auf Vollständigkeit erheben, sondern jenen, typische Rezepte aus allen Ländern des nördlichen Mittelmeerbogens von Südportugal über Spanien, Südfrankreich, Italien, die Balkanhalbinsel und die Ägäis bis hin zum Bosporus anzubieten.

Bekannte Klassiker wie Paella, Bouillabaisse, Ratatouille, Panzanella oder Moussaka wechseln einander dabei mit vielen autochthonen Regionalrezepten wie provençalischer Piperade, portugiesischer Eiercreme, kroatischem Ajvar oder türkischem Schisch Kebap ab.

Unsere Rezepte und Tipps sollen vor allem auch dann appetitanregend wirken, wenn draußen keine mediterrane Sonne scheint, sondern der Kontinent sich wieder einmal von seiner wetterwendischen Seite präsentiert. In diesem Sinne wollten wir ein Kochbuch schreiben, das nicht nur zum Kochen, sondern auch zum Träumen anregt. Ihrer kulinarischen Fantasie sind dabei – und das ist ein letztes, vielleicht sogar das entscheidende Geheimnis des Zaubers der Mittelmeerküche – kaum Grenzen gesetzt.

Guten Appetit!

DIE KULTUR
DER KLEINEN HAPPEN

ANTIPASTI, TAPAS, MEZES UND
ANDERE SÜDLICHE VORSPEISEN

Sterben die Hauptgerichte aus? Noch ist es, durchaus erfreulicherweise, nicht ganz so weit. Dennoch haben sich unsere Ernährungsgewohnheiten während der letzten Jahrzehnte stark verändert. Die kulinarische Reise geht immer mehr in Richtung „klein, fein und mediterran". Nach Italien zu den Antipasti, nach Spanien zu den Tapas. Und in die Levante zu den köstlichen Mezes aus 1001 Nacht. Viele Namen für ein in noch mehr Facetten schillerndes zeitgemäßes Essvergnügen: Es macht Lust auf viele appetitliche Kleinigkeiten, die das Herz erfreuen. Und es ist ein Genuss, der keine – oder zumindest fast keine – Reue kennt.

CIABATTA „DE LUXE"

Mailand

Foto links

ZUTATEN

2 große (oder 4 kleine) Ciabatta-Wecken (s. S. 44)

ca. 16 Scheiben Parmaschinken, hauchdünn geschnitten

4 hart gekochte Eier

2 reife Avocados

2–3 vollreife Tomaten

Zitronensaft zum Beträufeln

Meersalz aus der Mühle

Pfeffer aus der Mühle

kalt gepresstes Olivenöl zum Beträufeln

marinierter Eisberg- oder Kopfsalat als Garnitur

ZUBEREITUNG

◆ Große Ciabatta-Wecken in zwei Hälften teilen, kleine ganz lassen und dann jeweils der Länge nach halbieren. Auf der Innenseite ohne Fettzugabe leicht anrösten.

◆ Jede Innenseite mit etwas Olivenöl beträufeln, die Hälfte davon mit frischem Pfeffer würzen. Jeweils die Unterseite der Brötchen mit der Hälfte des Schinkens belegen.

◆ Eier schälen, in Scheiben schneiden und auf dem Schinken verteilen.

◆ Avocados halbieren, den Kern entfernen, Fruchtfleisch herauslösen und in Streifen schneiden. Rasch mit Zitronensaft beträufeln, damit sich die Avocados nicht braun verfärben.

◆ Avocadostreifen auf die Ciabatta-Hälften legen. Tomaten in Scheiben schneiden und auf die Avocados legen. Mit etwas frisch gemahlenem Salz würzen. Den Belag mit restlichem Schinken abschließen. Zweite Ciabatta-Hälfte darauf legen und mit mariniertem Salat anrichten.

TRAMEZZINI MIT EI UND SARDELLEN

Italien

ZUTATEN

12 Scheiben Tramezzinibrot (weiches, saftiges Weißbrot ohne Rinde)

6 Eier, hart gekocht und in dünne Scheiben geschnitten

12 eingelegte Sardellenfilets

ca. 200 g Mayonnaise (wenn möglich selbst gemacht)

ZUBEREITUNG

Die Brotscheiben großzügig mit Mayonnaise bestreichen. Die Hälfte der Brote mit der Hälfte der Eierscheiben belegen. Darüber die abgetropften Sardellenfilets legen und wiederum mit den restlichen Eierscheiben belegen. Die restlichen Brotscheiben darauf geben und diagonal in jeweils zwei Dreiecke schneiden.

Tramezzini lassen sich auf dieselbe Weise mit den unterschiedlichsten Zutaten (Prosciutto crudo oder cotto, aber auch Käse) belegen.

VARIATIONSMÖGLICHKEITEN

Für Tramezzini mit Garnelen brät man Garnelen und Zwiebeln kurz in Olivenöl an, löscht mit Prosecco ab und püriert sie anschließend. Mit Mayonnaise vermengen und abschmecken.

Für Tramezzini mit Thunfisch wird eingelegter Thunfisch mit Zitronensaft püriert und mit Mayonnaise, Cognac, Salz und Pfeffer abgeschmeckt.

GEFÜLLTE WEINBLÄTTER (DOLMA, DOLMADES)

Türkei/Griechenland

ZUTATEN

150 g eingelegte Weinblätter

500 g Zwiebeln

2 Stangen Lauch

2 Bund Dille

3 Minzeblätter

125 g Reis

Saft von 1 Zitrone

Meersalz aus der Mühle

Pfeffer aus der Mühle

Zucker

Olivenöl

ZUBEREITUNG

• Den Reis einige Stunden in Wasser einweichen, dann abtropfen lassen.

• Den Lauch in Scheiben schneiden, Dille- und Minzeblätter fein hacken, die Dillstängel beiseite legen.

• Die Weinblätter abspülen und trocken tupfen.

• Zwiebeln fein hacken und mit ca. 125 ml Wasser auf kleiner Flamme kochen, bis das Wasser verkocht ist. Nun Zwiebeln mit Lauch, Dille, Minze und Reis vermengen und mit Salz, Pfeffer und einer Prise Zucker abschmecken.

• Die Weinblätter mit der Unterseite nach oben auflegen. Jeweils etwas von der Masse darauf geben, zu einem zigarrenartigen Röllchen einrollen und die Seiten einschlagen.

• Den Boden eines Topfes mit den Dillstängeln auslegen und darauf die Röllchen dicht nebeneinander schlichten. Zitronensaft, etwas Olivenöl und 125 ml Wasser darüber gießen und im gut geschlossenen Topf auf kleiner Flamme ca. 60 Minuten dünsten, bis die Flüssigkeit völlig aufgesogen worden ist.

• Die fertigen Weinblätter aus dem Topf heben und je nach Geschmack lauwarm oder kalt servieren.

GARZEIT: ca. 60 Minuten

GESCHMORTE ZWIEBELN

Veneto

ZUTATEN

500 g kleine weiße Zwiebeln

4 EL Olivenöl

4 EL Weißweinessig

1 TL Zucker

Salz

ZUBEREITUNG

• Die geschälten Zwiebeln im Ganzen in Olivenöl anbräunen.

• Essig, Salz, Zucker und etwa 250 ml Wasser zugeben. Aufkochen lassen und auf kleiner Flamme ca. 15 Minuten köcheln lassen. Die Hitze erhöhen und etwa 10–15 Minuten kochen, bis die Flüssigkeit zu Sirup eingedickt ist. Abkühlen lassen.

GARZEIT: ca. 25–30 Minuten

OFENGETROCKNETE TOMATEN

Kampanien

ZUTATEN

4 Eiertomaten (oder Fleischtomaten)
1 Thymianzweig
1 Rosmarinzweig
1 Knoblauchzehe
Meersalz aus der Mühle
Zucker
Olivenöl

ZUBEREITUNG

◆ Die Tomaten halbieren und den Strunk entfernen. Mit der Schnittseite nach oben auf ein mit Pergamentpapier ausgelegtes Backblech setzen, leicht salzen und zuckern.
◆ Im vorgeheizten Backofen bei 80 °C ca. 5 Stunden trocknen, bis die Tomaten etwa die Hälfte der Flüssigkeit verloren haben. Mit Olivenöl, Thymian, Rosmarin und blättrig geschnittenem Knoblauch über Nacht marinieren.

BACKOFENTEMPERATUR: 80 °C
BACKZEIT: ca. 5 Stunden

TIPP: Freunde mediterraner Küche werden – nicht zuletzt aus energiepolitischen Gründen – gleich etwas mehr Tomaten trocknen. Sobald sie mariniert sind, lassen sie sich – abgedeckt im Kühlschrank oder gut in Öl eingelegt – problemlos auch längere Zeit lagern.

MELANZANIPÜREE

Türkei

ZUTATEN

3 Melanzani
3 Knoblauchzehen, gehackt
Saft von 1 Zitrone
100 ml Olivenöl
Thymian, gehackt
Meersalz aus der Mühle

ZUBEREITUNG

• Die Melanzani halbieren und mit der Schnittseite nach oben auf ein mit Backpapier ausgelegtes Backblech setzen. Auf der Oberseite mit einem langen Schnitt einschneiden. Im vorgeheizten Backofen bei 180 °C ca. 40 Minuten backen. Herausnehmen und etwas auskühlen lassen.

• Das Fruchtfleisch mit einem Löffel herauskratzen und – wenn nötig – noch zerkleinern. Mit gehacktem Knoblauch, Zitronensaft und Olivenöl verrühren. Mit Meersalz und gehacktem Thymian abschmecken.

• In dekorative Glas- oder Dip-Schälchen füllen und auftragen.

BACKOFENTEMPERATUR: 180 °C
BACKZEIT: 40 Minuten
GARNITUREMPFEHLUNG: frische Kräuter und kleines eingelegtes Gemüse

SKORDALIA (KARTOFFEL-KNOBLAUCH-PASTE)

Griechenland

ZUTATEN

400 g halbfest kochende Kartoffeln
4–6 Knoblauchzehen, sehr fein gehackt
ca. 125 ml Hühnersuppe
50 g schwarze Oliven
5 EL Olivenöl
Saft von 1 Zitrone
Meersalz aus der Mühle
Pfeffer aus der Mühle

ZUBEREITUNG

• Geschälte Kartoffeln weich kochen, überkühlen lassen und mit der Gabel in einer Schüssel grob zerdrücken.

• Knoblauch und Hühnersuppe sowie nach und nach das Olivenöl einrühren, bis eine sämige Masse entsteht. Mit Zitronensaft, Salz und Pfeffer abschmecken.

• Oliven entkernen, hacken und abschließend unterrühren. Lauwarm oder kalt servieren.

TIPP: Man kann die Zutaten auch im Blitzcutter oder mit dem Mixstab pürieren; das Skordalia wird in diesem Fall noch sämiger, hat allerdings weniger Biss.

TAPENADE (SCHWARZE OLIVENPASTE)

Provence

ZUTATEN

300 g schwarze Oliven, entkernt

100 g Anchovisfilets (Sardellenfilets) aus der Dose

100 g Thunfisch aus der Dose

200 g Kapern, fein gehackt

200 ml Olivenöl

4 cl Cognac

1 TL scharfer Senf

Pfeffer aus der Mühle

ZUBEREITUNG

⬥ In einem Mörser (oder mit dem Mixstab) entkernte Oliven, Anchovis und Thunfisch zerstoßen. Die Masse mit Senf verrühren und die gehackten Kapern untermischen.

⬥ Das Olivenöl in einem dünnen Strahl eintropfen lassen und unter ständigem Rühren mit dem Mixer zu einer homogenen Masse verarbeiten.

⬥ Mit Pfeffer und Cognac abschmecken. Je nach Belieben auf frisches, knuspriges Baguette oder auf getoastetes Weißbrot streichen.

TARAMASALATA

Griechenland

ZUTATEN

250 g frischer oder geräucherter Dorschrogen

60 g Weißbrot

8 EL Olivenöl

ca. 125 ml Zitronensaft

ZUBEREITUNG

⬥ Die Haut vom Fischrogen abziehen und auch die letzten Häutchen entfernen.

⬥ Brot in etwas Wasser einweichen, gut ausdrücken und zerkleinern. Mit dem Rogen cremig aufmixen oder im Mörser zerstampfen. Nach und nach das Öl einfließen lassen und erst zum Schluss mit Zitronensaft abschmecken. Mindestens 30 Minuten kalt stellen.

⬥ In eine dekorative Schüssel füllen und mit knusprigem Fladenbrot servieren.

TIPP: Anstelle von eingeweichtem Brot lässt sich auch grob pürierter Kartoffelbrei verwenden.

TSATSIKI

Griechenland

ZUTATEN

1 Salatgurke

250 g Schafmilchjoghurt (ersatzweise Kuhmilchjoghurt)

4 Knoblauchzehen, sehr fein gehackt

1 KL Olivenöl

Meersalz aus der Mühle

Pfeffer aus der Mühle

ZUBEREITUNG

⬥ Die geschälte Gurke reiben oder fein hacken. Etwas salzen und mindestens 20 Minuten stehen lassen.

⬥ Gurken gut ausdrücken. Joghurt in ein Küchentuch einschlagen, auspressen und unter die Gurkenmasse rühren. Mit Knoblauch und Olivenöl vermischen sowie mit Salz und Pfeffer abschmecken. Bis zum Servieren kalt stellen.

AJVAR (KALTE GEMÜSESAUCE)

Kroatien/Serbien

ZUTATEN

ca. 600 g rote Paprikaschoten

400 g Melanzani

200 g Zwiebeln

3 Knoblauchzehen

150 ml Olivenöl

50 ml Weißweinessig

1 Prise Zucker

Salz, Pfeffer

Paprikapulver nach Geschmack

Olivenöl zum Bedecken

BACKOFENTEMPERATUR: 180 °C
BACKZEIT: je nach Größe der Früchte
ca. 10–30 Minuten

VERWENDUNG: würzige Beilage zu gebratenem Fisch, gegrilltem Fleisch oder Geflügel

ZUBEREITUNG

◆ Gewaschene Paprikaschoten und Melanzani im Ganzen im auf 180 °C vorgeheizten Backofen weich garen, bis sich die Haut leicht ablösen lässt.

◆ Früchte nach dem Schälen entkernen und Fruchtfleisch grob hacken. Zwiebeln und Knoblauch ebenfalls grob hacken und gemeinsam mit dem Gemüse im Mixer fein pürieren.

◆ Mit Öl, Essig, Zucker, Salz, Pfeffer und Paprikapulver abschmecken. Abschließend mit einer dünnen Schicht Olivenöl bedecken und über Nacht im Kühlschrank ziehen lassen.

TIPP: Der Essig kann bei dieser in Kroatien wie in Serbien gleichermaßen beheimateten Würzsauce auch durch Zitronensaft ersetzt werden. In manchen Rezepten werden unter die Paprikaschoten zusätzlich noch rote Pfefferoni gemischt und mitunter wird auch mit Petersilie abgeschmeckt. Unter einer entsprechenden Ölschicht lässt sich Ajvar in gut verschlossenen Gläsern problemlos auch länger aufbewahren.

HUMUS (KICHERERBSENPÜREE)

Türkei

ZUTATEN

300 g getrocknete Kichererbsen

Saft von 3 Zitronen

3 Knoblauchzehen, sehr fein gehackt

1 Bund Petersilie, fein gehackt

150 g Tahin (Sesampaste, in türkischen Läden erhältlich)

1 Prise Kreuzkümmel

6 EL Olivenöl

Meersalz aus der Mühle

GARZEIT: ca. 45 Minuten

ZUBEREITUNG

◆ Kichererbsen mit kaltem Wasser bedecken und über Nacht einweichen. Danach gut abtropfen lassen.

◆ Frisches Wasser erhitzen, Kichererbsen zugeben und zum Kochen bringen. Etwa 45 Minuten weich garen, abgießen und abkühlen lassen.

◆ Kichererbsen zwischen Daumen und Zeigefinger enthäuten und gemeinsam mit Zitronensaft in der Küchenmaschine pürieren.

◆ Knoblauch, Tahin und Kreuzkümmel einrühren und mit etwas Wasser zu einem geschmeidigen Püree rühren. Mit Salz abschmecken, gehackte Petersilie unterrühren und Humus in einer Schüssel anrichten. Olivenöl darüber träufeln und servieren.

MOZZARELLA MIT FEIGEN

Apulien

ZUTATEN

4 Kugeln Mozzarella
4 frische Feigen
100 ml Weißwein
1 cl Weißweinessig, am besten weißer Balsamicoessig
10 g Zucker
je 2 Zweige Thymian und Rosmarin
1 Lorbeerblatt
100 ml Wasser
Meersalz aus der Mühle
Pfeffer aus der Mühle
50 ml Olivenöl
möglichst alter Balsamicoessig

ZUBEREITUNG

◆ In einem Topf das Wasser mit Weißwein, Weißweinessig, Zucker und je einem Zweiglein Rosmarin und Thymian sowie Lorbeerblatt aufkochen. Die Feigen mit einer dünnen Nadel einige Male einstechen und in die aufwallende Flüssigkeit geben. Nochmals aufkochen lassen, vom Feuer nehmen und etwa 5 Minuten in der Flüssigkeit ziehen lassen. Danach mitsamt der Flüssigkeit kalt stellen und die Feigen acht Stunden marinieren lassen. Ab und an wenden.
◆ Das Olivenöl in einem Topf leicht erhitzen und die restlichen Kräuter zupfen. Kräuter dazugeben, den Topf vom Herd nehmen und das Öl abkühlen lassen.
◆ Die Mozzarellakugeln halbieren und das Kräuteröl samt Kräutern darüber gießen. Ebenfalls 8 Stunden im Kühlschrank marinieren lassen.
◆ Etwas alten Balsamicoessig auf die Teller träufeln. Feigen halbieren. Nun je zwei Halbkugeln marinierten Mozzarella und zwei Feigenhälften darauf anrichten.
◆ Den Mozzarella mit frischem Pfeffer und Meersalz würzen. Eventuell noch ein wenig Kräuteröl darüber träufeln.

BÜFFELMOZZARELLA MIT BOHNENPÜREE

Kampanien

ZUTATEN

2 Kugeln Büffelmozzarella

300 g dicke grüne Bohnen, ausgelöst

1/2 Zwiebel, gehackt

1–2 Knoblauchzehen, gehackt

2 EL Butter

Gemüsefond zum Aufgießen

ca. 100 ml Olivenöl, kalt gepresst, für das Bohnenpüree

ofengetrocknete Tomaten (s. S. 13)

Olivenöl, kalt gepresst, zum Beträufeln

Basilikumblätter zum Garnieren

Meersalz und Pfeffer aus der Mühle

einige dicke Bohnen als Garnitur nach Belieben

TIPP: Wenn Sie keine Zeit für die ofengetrockneten Tomaten finden, so ersetzen Sie diese durch vollreife frische Tomaten. Eingelegte Tomaten (Pomodori secchi) sind auch im einschlägigen Fachhandel erhältlich.

ZUBEREITUNG

• Zuerst die ofengetrockneten Tomaten nach Anleitung vorbereiten. Dann in einer Kasserolle Butter schmelzen und die Zwiebeln mit Knoblauch darin anschwitzen. Die Bohnen zugeben, kurz andünsten und mit etwas Gemüsefond aufgießen. Mindestens 10 Minuten weich kochen. Abgießen, in der Küchenmaschine mixen, salzen und pfeffern.

• Das Olivenöl langsam einfließen lassen, bis ein sämiges Püree entsteht. Das Bohnenpüree kalt stellen. Etwa eine halbe Stunde vor dem Servieren Zimmertemperatur annehmen lassen, damit das Püree seinen vollen Geschmack entfalten kann.

• Den Mozzarella vierteln und auf Tellern anrichten. Mit einem Esslöffel von dem Bohnenpüree Nocken abstechen und mit je zwei halben getrockneten Tomaten dekorativ auf den Teller geben. Abschließend mit Olivenöl beträufeln, mit Pfeffer nachwürzen und mit Basilikumblättern und nach Belieben einigen dicken Bohnen garnieren.

EINLADUNG ZUM „GIRO DE OMBRE"

Als „Giro de ombre" bezeichnet man zwischen Chioggia und Muggia, also im nördlichen Teil der Adria, eine vergnügliche Zechtour, die durch mehrere Schenken führt, in die man auf ein Gläschen Wein und einen kleinen Imbiss einkehrt.

Die Maßeinheit für den Wein ist die Ombra – was so viel wie Schatten bedeutet. Es handelt sich dabei für gewöhnlich um ein schlichtes, schmuckloses Deziliter-Gläschen, dessen Haupteigenschaft darin besteht, dass es nicht allzu viel kostet und ihm daher noch etliche folgen werden.

Das feste Gegenstück zur Ombra sind die Cicheti, kleine Häppchen, Würzbissen, Frutti di mare, Kutteln, Hühnerlebern, Calamari und Calamaretti, klassisch lauwarm oder modern aus der Mikrowelle, jede Menge Tramezzini, mit Mortadella oder Prosciutto umwickelte Grissini und und und ...

BÜFFELMOZZARELLA MIT ERBSENPÜREE
VARIANTE

Kampanien

ZUBEREITUNG

Bereiten Sie aus 150 g tiefgekühlten Erbsen, 100 ml kalt gepresstem Olivenöl, Salz, Pfeffer, Zucker und einem Spritzer Zitronensaft wie beschrieben ein Püree zu. Selbstverständlich müssen auch die Erbsen vor dem Pürieren etwa 3–4 Minuten gegart werden.

TIPP: Verwenden Sie für das Püree stets kalt gepresstes Olivenöl – so wird das Püree nach dem Auskühlen fester.

SARDE IN SAOR (MARINIERTE SARDINEN)

Friaul

ZUTATEN

12 frische Sardinen (ca. 450 g), küchenfertig
60 ml Olivenöl
Meersalz aus der Mühle
Mehl

FÜR DIE MARINADE

60 ml Olivenöl
100 ml Weißwein
2 Zwiebeln
3 Lorbeerblätter
4 EL Weißweinessig
1 EL schwarze Pfefferkörner
Saft von 1/2 Zitrone

GARZEIT: 4 Minuten
TIPP: Nicht ganz authentisch, aber nicht weniger schmackhaft gerät dieses Rezept, wenn man statt Sardinen Heringe verwendet.

ZUBEREITUNG

◆ Für die Marinade die Zwiebeln in dünne Ringe schneiden. Olivenöl erhitzen und die Zwiebelringe mit den Lorbeerblättern auf kleiner Flamme unter ständigem Rühren ca. 15 Minuten weich dünsten. Bevor die Zwiebeln Farbe annehmen, Essig, Zitronensaft sowie Weißwein einrühren, die Pfefferkörner zugeben und vom Herd nehmen.

◆ Die küchenfertigen Sardinen (Köpfe und Innereien sorgfältig entfernen und bei Bedarf schuppen) gründlich abspülen und trocken tupfen. Salzen, in Mehl wenden und überschüssiges Mehl abschütteln. In heißem Olivenöl von jeder Seite 2 Minute braten, herausnehmen und auf Küchenpapier abtupfen.

◆ Den Boden einer Servierschüssel mit der Marinade bedecken, die Hälfte der Fische einlegen, mit Marinade übergießen und abermals die Fische einlegen. Die restliche Marinade darüber gießen.

◆ Mind. 2 Stunden bei Zimmertemperatur ziehen lassen.

SCHRITT FÜR SCHRITT

Phase 1: Sardinen waschen und bei Bedarf entschuppen.
Phase 2: Sardinen mit einem scharfen, kleinen Messer (Tourniermesser) aufschneiden, die Innereien entfernen und Kopf abtrennen.
Phase 3: Zwiebelringe mit den Lorbeerblättern in Olivenöl weich dünsten. Mit Essig, Zitronensaft sowie Weißwein aufgießen, Pfefferkörner zugeben und vom Herd nehmen.
Phase 4: Gesalzene, mit Mehl bestaubte Sardinen beidseitig in Olivenöl anbraten und wieder herausheben.
Phase 5: Passende Form mit Zwiebelmarinade auslegen und einen Teil der Sardinen darauf legen.
Phase 6: Restliche Marinade und Sardinen einschichten und mindestens zwei Stunden bei Zimmertemperatur ziehen lassen.
Phase 7: Sarde in saor wie abgebildet anrichten.

TORTE VON AVOCADO UND HUMMER IN PINIENVINAIGRETTE

Korsika

ZUTATEN

4 reife Avocados

1 Hummer

4 Tomaten

1 Estragonzweig

2 EL Pinienkerne, geröstet

100 ml Estragonessig

100 ml Olivenöl

100 ml Distelöl

Zitronensaft

Meersalz aus der Mühle

ZUBEREITUNG

◆ Den Hummer in einem großen Topf in reichlich wallendem Wasser ca. 2–3 Minuten kochen. Die Scheren abbrechen und den Hummer weitere 2–3 Minuten kochen. Auskühlen lassen, bis er lauwarm ist. Den Hummer ausbrechen und das Fleisch abgedeckt kühl stellen.

◆ Die Avocados halbieren, die Kerne entfernen und das Fleisch auslösen. Mit einer groben Kartoffelreibe raspeln oder mit einer Gabel zerdrücken. Sofort mit Zitronensaft marinieren und mit Meersalz würzen.

◆ Die Tomaten kurz überbrühen, schälen, entkernen und in kleine Würfel schneiden. In die Avocadomasse einmengen. Die gerösteten Pinienkerne mit Estragonessig, Oliven- und Distelöl zu einer Vinaigrette verrühren.

◆ Das Fleisch der Hummerscheren und Gelenke klein schneiden, mit fein geschnittenem Estragon vermengen und mit etwas Vinaigrette abschmecken. Nun in einen hohen Ausstecher mit ca. 5 cm Durchmesser (oder ein kleines Portionsförmchen) abwechselnd Avocadomasse und Hummertatar einfüllen. Etwa 1/2 Stunde kalt stellen.

◆ Den ausgebrochenen Hummerschwanz mit Vinaigrette marinieren und portionieren. Je ein Törtchen auf einen Teller setzen (Ringform abziehen) und je ein Stück Hummerschwanz darauf setzen. Bei Zimmertemperatur servieren.

GARZEIT: insgesamt 4–6 Minuten

TIPP: Lassen Sie den Hummer nicht ganz kalt werden, denn ein lauwarmer Hummer lässt sich leichter ausbrechen.

GEROLLTE FRITTATA MIT THUNFISCHCREME

Sizilien

ZUTATEN

150 g Thunfisch aus der Dose

100 g Butter, raumtemperiert

2 EL Petersilie, gehackt

$\frac{1}{2}$ EL Basilikum, gehackt

6 Eier

3 EL Butter

Meersalz aus der Mühle

Pfeffer aus der Mühle

Zitronensaft

Petersilie und Zitrone zum Garnieren

GARZEIT: 5 Minuten

ZUBEREITUNG

◆ Den abgetropften Thunfisch mit der weichen Butter durch ein Sieb streichen. Die Hälfte der Petersilie, Basilikum, Salz, Pfeffer und einen Spritzer Zitronensaft einmengen und die Masse cremig rühren.

◆ In einer anderen Schüssel die Eier verquirlen, restliche Petersilie zugeben und mit Salz sowie Pfeffer würzen.

◆ In einer flachen Pfanne 2 EL Butter erhitzen, Eiermasse eingießen und bei starker Hitze so lange verrühren, bis die Masse zu stocken beginnt. Dann die Hitze sofort stark reduzieren. Die Frittata vom Rand lösen und dem Pfannenboden lösen. Sobald die Unterseite der Frittata goldbraun wird, einen Deckel auf die Pfanne setzen und diese umdrehen, sodass die Frittata auf dem Deckel liegt. Die restliche Butter in die Pfanne geben, die Frittata wieder hineingleiten lassen und die andere Seite goldbraun backen. Auskühlen lassen.

◆ Mit der Thunfischcreme bestreichen, einrollen und in Alufolie verpackt kühl stellen. Vor dem Servieren in Scheiben schneiden. Mit Petersilie und Zitronenspalten garnieren.

ROH MARINIERTER THUNFISCH

Balearen

ZUTATEN

8 Scheiben roher Thunfisch von bester „Sushi-Qualität",
    ca. 0,5 cm dick geschnitten

125 ml Weißwein

2 cl Sherryessig

2 Thymianzweige, einer gehackt, der andere ganz

Saft von 1 Limette

2 Knoblauchzehen, gehackt

200 g Oliven, entkernt und gehackt

4 Lorbeerblätter

1 rote Zwiebel

2 EL Kapern, gehackt

125 ml Fischfond

100 ml Olivenöl

Meersalz und Pfeffer aus der Mühle

ZUBEREITUNG

◆ Aus Weißwein, Sherryessig, Limettensaft, dem ganzen Thymianzweig, Lorbeerblättern, Meersalz und Pfeffer eine Marinade anrühren.

◆ Den Thunfisch in ein flaches Geschirr legen, mit Marinade übergießen und etwa 1 Stunde marinieren. Aus der Marinade nehmen und kalt stellen. Den Rückstand passieren und Marinade beiseite geben.

◆ Die Zwiebel in Streifen schneiden und mit dem Knoblauch in Olivenöl glasig dünsten. Mit der passierten Marinade ablöschen, Fischfond zugießen und auf die Hälfte einkochen lassen. Die gehackten Kapern und Oliven einrühren und auskühlen lassen.

◆ Den Thunfisch auf Tellern anrichten, mit der Marinade überziehen und den gehackten Thymian darüber streuen.

CARPACCIO VOM WEIDEOCHSEN
MIT RUCOLAPESTO UND SENF-PARMESAN-SAUCE

Venedig

ZUTATEN

8 Scheiben Rinderfilet, gut abgehangen, ca. fingerdick
    geschnitten

2 Bund Rucola

100 ml Olivenöl

20 g Pinienkerne

10 g Parmesan, frisch gerieben, für das Pesto

1 EL Dijonsenf

3 EL Mayonnaise (am besten selbst gemacht)

1 EL Parmesan, frisch gerieben, für die Senfsauce

Saft von $\frac{1}{2}$ Zitrone

Meersalz und Pfeffer aus der Mühle

Rucola und Parmesansplitter zum Garnieren

TIPP: Im Gegensatz zu den meisten seiner Nachfolger wurde das Original-Carpaccio vor dem Aufschneiden nicht eingefroren, sondern lediglich unter einer Folie hauchdünn ausgeklopft!

ZUBEREITUNG

◆ Rucola waschen, trocken tupfen und fein schneiden. Mit den Pinienkernen und dem frisch geriebenen Parmesan in einem Mörser zerstoßen (oder Mixstab verwenden), nach und nach das Olivenöl dazurühren und alles zu einer homogenen Masse verarbeiten.

◆ In einer anderen Schüssel die Mayonnaise mit dem Senf und dem Parmesan vermischen. Mit Zitronensaft, Salz und Pfeffer abschmecken.

◆ Die Rinderfiletscheiben einzeln in einen Gefrierbeutel oder zwischen Folie geben und dünn klopfen. Auf einem Teller etwas Rucolapesto verteilen. Je zwei Scheiben Rinderfilet auflegen, mit frisch gemahlenem Meersalz und Pfeffer würzen.

◆ Die Senfsauce in ein Stanitzel aus Pergamentpapier füllen und dekorativ auf die Fleischscheiben auftragen. Nochmals mit etwas Pesto beträufeln und mit frischer, marinierter Rucola sowie Parmesansplittern garnieren.

VITELLO TONNATO

Piemont

ZUTATEN

400 g Kalbsrücken

200 g Thunfisch aus der Dose (in Lake)

3 Eidotter

200 ml Distelöl

100 ml Olivenöl

1 TL Kapern

1–2 Sardellenfilets

Zitronensaft

etwas Gemüsefond

Öl zum Anbraten

Meersalz aus der Mühle

Pfeffer aus der Mühle

Kapernbeeren für die Garnitur

2 Schalen Kresse zum Garnieren

ZUBEREITUNG

◆ Den Kalbsrücken sauber parieren (zuputzen) und in Form binden. Salzen, pfeffern und in heißem Öl rundum kurz anbraten. In den vorgeheizten Backofen schieben und bei 150 °C ca. 35 Minuten braten. Dann sofort in Frischhaltefolie wickeln und im Kühlschrank kalt werden lassen.

◆ Den Thunfisch in einem Sieb abtropfen lassen und in der Küchenmaschine zu einem feinen Brei verarbeiten. Herausnehmen und in eine Schüssel geben.

◆ Eidotter, Kapern und Sardellen in die Küchenmaschine geben und mixen. Nach und nach Oliven- und Distelöl einfließen lassen, bis eine feste Mayonnaise entsteht.

◆ Den Thunfisch wieder zugeben und alles nochmals zu einer homogenen Masse mixen. Mit frisch gemahlenem Meersalz, Pfeffer und etwas Zitronensaft würzen. Auf jedem Teller etwas Thunfischcreme verstreichen. Einige dünn geschnittene Scheiben Kalbsrücken darauf anrichten.

◆ Das Fleisch mit Meersalz und Pfeffer aus der Mühle würzen. Die restliche Thunfischcreme mit etwas Fond oder Wasser verdünnen, in ein Stanitzel aus Pergamentpapier füllen und dekorativ aufspritzen. Mit den Kapernbeeren und Kresse garnieren.

BACKOFENTEMPERATUR: 150 °C
GARZEIT: ca. 35 Minuten

TIPP: Besonders delikat schmeckt diese Vitello-tonnato-Variante, wenn Sie das Kalbfleisch abschließend noch mit einigen Tropfen Kalbsjus beträufeln.

FRITTATA MIT TOMATEN UND BASILIKUM

Toskana

ZUTATEN

500 g reife Tomaten

4 EL Olivenöl

5 Eier

2 EL Parmesan, frisch gerieben

1 Bund Basilikum

Meersalz aus der Mühle

Pfeffer aus der Mühle

GARZEIT: Frittata 5 Minuten,
Tomatenmasse ca. 10 Minuten

ZUBEREITUNG

• Die Tomaten kurz überbrühen, Haut abziehen, entkernen und in größere Würfel schneiden.

• In einer Pfanne 3 EL Olivenöl erhitzen, die Tomaten zugeben, salzen und ca. 10 Minuten leicht köcheln. Die Tomaten aus der Pfanne heben und etwas abkühlen lassen.

• Die Eier in einer Schüssel verschlagen. Dann Tomaten, frisch geriebenen Parmesan, Salz und die klein gezupften Basilikumblätter zufügen, pfeffern und gut vermischen.

• Das in der Pfanne verbliebene Öl wieder erhitzen. Die Eiermasse eingießen und bei starker Hitze so lange schnell rühren, bis die Masse zu stocken beginnt. Hitze nun stark reduzieren. Die Frittata vom Rand und dem Pfannenboden lösen. Sobald die Unterseite der Frittata goldbraun wird, einen Deckel auf die Pfanne setzen und diese umdrehen, sodass die Frittata auf dem Deckel liegt. Das restliche Öl in die Pfanne geben, die Frittata wieder hineingleiten lassen und die andere Seite goldbraun backen. In beliebig große Tortenstücke portionieren und rasch servieren.

GRÜNE FRITTATA

Friaul

ZUTATEN

500 g frischer Blattspinat

2 kleine, feste Zucchini

2 kleine Stangen Lauch

1 Zwiebel

6 EL Olivenöl

1 Bund Petersilie

5 Basilikumzweige

3 frische Salbeiblätter

6 Eier

Meersalz aus der Mühle

Pfeffer aus der Mühle

GARZEIT: Frittata 5 Minuten,
Gemüsemasse ca. 15 Minuten

ZUBEREITUNG

◆ Den Spinat verlesen, in reichlich kaltem Wasser waschen und nicht abgetropft zugedeckt 5 Minuten dünsten lassen.

◆ Die gut gewaschenen Zucchini in dünne Scheibchen schneiden. Den geputzten Lauch längs halbieren, unter fließendem Wasser waschen und in Scheiben schneiden. Die Zwiebel in Ringe schneiden. In einer Kasserolle 2 EL Öl erhitzen und Zucchini, Lauch und Zwiebeln darin zugedeckt etwa 15 Minuten dünsten, dann abkühlen lassen.

◆ Den Spinat gut ausdrücken und grob, die Kräuter fein hacken. In einer großen Schüssel die Eier leicht verquirlen und mit all dem Gemüse sowie den Kräutern mischen, mit Salz und frisch gemahlenem Pfeffer abschmecken.

◆ In einer flachen Pfanne 3 EL Öl erhitzen. Die Eier-Gemüse-Masse hineingießen und bei starker Hitze mit einem Kochlöffel so lange schnell rühren, bis die Masse zu stocken beginnt. Dann die Hitze sofort stark reduzieren. Die Frittata mit dem Kochlöffel vom Rand lösen und die Pfanne leicht schütteln, damit sich die Frittata vom Boden lösen kann. Sobald die Unterseite der Frittata goldbraun wird, einen Deckel auf die Pfanne setzen und diese umdrehen, so dass die Frittata auf dem Deckel liegt. Das restliche Öl in die Pfanne geben, die Frittata wieder hineingleiten lassen und die andere Seite goldbraun backen. In beliebig große Tortenstücke portionieren und rasch servieren.

VARIATIONSMÖGLICHKEITEN

Analog zu diesem Grundrezept lassen sich unendlich viele Spielarten von Frittata zubereiten.

Für Frittata mit Gorgonzola etwa bestreut man die angebackene Frittata mit zerbröseltem Gorgonzola und klappt sie dann zusammen.

Frittata mit Lauch und Pilzen wiederum wird aus sautierten Pilzen und Lauch, die unter die Eiermasse gemischt werden, zubereitet.

Aber auch jedes andere beliebige, nach Bedarf vorgegarte Gemüse wie beispielsweise Zucchini, Erbsen, Artischocken etc. eignet sich ebenso gut wie Schinken, gegartes Fleisch oder Käse.

TORTILLA MIT KARTOFFELN

Spanien

ZUTATEN

600 g Kartoffeln
2 TL Salz
6 Eier
150 ml Olivenöl

GARZEIT: Kartoffeln ca. 15 Minuten,
Tortilla 5–7 Minuten
TIPP: Wenn Sie die Tortilla an der Oberseite mit etwas Olivenöl einstreichen, so hält sie sich länger frisch.

VARIATIONSMÖGLICHKEITEN

Statt der Kartoffeln eignen sich auch andere Gemüse wie Spinat, Melanzani oder Artischocken für die Zubereitung von Tortillas. Selbst Garnelen oder Scheiben von kleinen, scharfen Würstchen geben eine wunderbare Basis für eine schmackhafte Tortilla ab. Am besten, Sie testen Ihre Wunschkombination aus!

ZUBEREITUNG

◆ Die Kartoffeln schälen, waschen und in dünne Scheiben schneiden.
◆ In einer Pfanne 100 (!) ml Olivenöl erhitzen. Die Kartoffeln salzen und auf kleiner Flamme unter regelmäßigem Wenden etwa 15 Minuten braten. Dabei sollten die Kartoffeln nicht zu dunkel werden. Kartoffeln herausheben und mit Küchenkrepp etwas trocken tupfen.
◆ In einer Schüssel die verquirlten Eier salzen, die gebratenen Kartoffeln unterheben und etwas rasten lassen.
◆ Das restliche Öl in einer Pfanne mit hohem Rand erhitzen (die Tortilla soll 3–4 cm hoch werden). Masse eingießen und bei kleiner Hitze stocken lassen.
◆ Die Tortilla mit dem Kochlöffel vom Pfannenrand lösen und das Ganze leicht schütteln, damit sich die Tortilla vom Pfannenboden lösen kann. Sobald die Unterseite goldbraun wird, einen Deckel auf die Pfanne setzen und diese umdrehen, sodass die Tortilla auf dem Deckel liegt. Die Tortilla wieder hineingleiten lassen und die andere Seite goldbraun backen. In beliebig große Tortenstücke portionieren und nach Belieben heiß oder kalt servieren.

ÜBERBACKENES TRÜFFEL–EI

Piemont

ZUTATEN

5 g Alba-Trüffel
8 Eier
ca. 150 g Crème fraîche
Schlagobers nach Bedarf
Meersalz aus der Mühle
2 EL Butter für die Förmchen
Ciabatta als Beilage

TIPP: Wesentlich preisgünstiger gestaltet sich dieses Gericht, wenn man auf die Trüffel verzichtet und stattdessen gemischte Schinken- und Käsewürfel in die Förmchen streut und dann erst die Eier darauf setzt.

ZUBEREITUNG

◆ Vier flache Auflaufförmchen gut mit Butter ausstreichen und in jede Form zwei Eier schlagen.
◆ Crème fraîche glatt rühren, die Eier damit übergießen (ist die Crème fraîche zu fest, diese vorher eventuell mit etwas Schlagobers vermischen) und mit Salz würzen.
◆ Die Förmchen in den auf 190 °C vorgeheizten Backofen stellen und etwa 5 Minuten backen, bis das Eiklar gerade gestockt ist, die Dotter aber noch cremig sind.
◆ Förmchen herausnehmen. Trüffel über die Eier hobeln und mit knuspriger Ciabatta servieren.

GARZEIT: ca. 5 Minuten, je nach Größe der Eier

TAPAS: OBDACH FÜR STAMPERLN

Das Wort **Tapas** bedeutet so viel wie Deckel und führt zu den Ursprüngen der spanischen Snacklust zurück: Der Legende nach legte man nämlich die winzigen Bissen ursprünglich auf die Weingläser, um zu verhindern, dass Insekten mit deren wertvollem Inhalt in Berührung kamen.

Tapas waren in Spanien schon zur Zeit der Konquistadoren bekannt, doch ihre große Zeit brach erst lange nach Columbus und Cortés an, als die Tapas im 19. Jahrhundert von ihrer andalusischen Heimat aus allmählich auch die verstecktesten Winkel der Hauptstadt Madrid eroberten. Auch die Sitte, Tapas mit aufgestütztem Ellbogen direkt am Tresen zu verzehren, geht auf andalusische Einwanderer zurück. Die Andalusier haben das „tapeo" ihrerseits, wie es scheint, von den arabischen Beduinen übernommen, und in der Tat hat eine opulente Auswahl spanischer Tapas oft eine verblüffende Ähnlichkeit mit einem arabischen Mezes (= Vorspeisen)tablett. In den letzten Jahren haben sich im Zuge der Tapas-Welle auch immer elaboriertere Tapas-Gerichte durchgesetzt, die oft schon den Charakter kleiner Hauptspeisen haben. Der Fantasie sind dabei jedenfalls keine Grenzen gesetzt.

KÄSESOUFFLÉ MIT POCHIERTEN EIERN

Languedoc

ZUTATEN

4 Eier zum Pochieren
3 Eidotter, 5 Eiklar
750 ml Essigwasser
ca. 200 ml Milch, heiß
2 EL Butter
3 EL Mehl
150 g Hartkäse, gerieben
1 Prise Muskatnuss, gerieben
Meersalz aus der Mühle
Pfeffer aus der Mühle
Butter für die Förmchen

BACKOFENTEMPERATUR: 200 °C
GARZEIT: pochierte Eier 2–3 Minuten,
Soufflé ca. 15 Minuten

ZUBEREITUNG

⬩ Essigwasser zum Köcheln bringen. Jedes Ei vorsichtig in eine Tasse schlagen, nacheinander ins Wasser gleiten lassen und mit zwei Suppenlöffeln das stockende Eiklar rund um das Dotter drücken. Eier 2–3 Minuten knapp unter dem Siedepunkt pochieren, herausnehmen und beiseite stellen.

⬩ Butter in einer Kasserolle schmelzen, Mehl einrühren und hell anschwitzen. Heiße Milch unter ständigem Rühren zugießen, bis eine glatte Masse entsteht. Mit Salz, Pfeffer und Muskatnuss würzen.

⬩ Etwa zwei Drittel des geriebenen Käses zugeben und so lange rühren, bis der Käse vollständig geschmolzen ist.

⬩ Eiklar mit einer Prise Salz zu Schnee schlagen. Eidotter vorsichtig unter den Schnee heben und mit der Käsemasse vermengen.

⬩ Feuerfeste Förmchen mit Butter ausstreichen und die Hälfte der Masse einfüllen. Je ein pochiertes Ei darauf setzen und mit der restlichen Soufflémasse zu zwei Dritteln auffüllen). Restlichen Käse darüber streuen.

⬩ Backofen auf 200 °C vorheizen, Formen in ein heißes Wasserbad stellen und etwa 15 Minuten goldbraun backen.

PIPERADE (PROVENÇALISCHES OMELETT)

ZUTATEN

8 Eier

300 g reife Tomaten (ersatzweise Pelati aus der Dose)

4 EL geröstete Speckwürfel oder 4 Scheiben gebratener Schinken

1 große oder 2 kleine grüne Paprikaschoten

2 Knoblauchzehen

3 Schalotten

Tabasco- oder Chilisauce

1 Prise Provencekräuter

2 EL Butter

2–3 EL Olivenöl

Meersalz aus der Mühle

Pfeffer aus der Mühle

gehacktes Basilikum

zum Garnieren

ZUBEREITUNG

◆ Tomaten kurz überbrühen, schälen, entkernen und in kleine Würfel schneiden. Paprikaschoten halbieren, Stiel und Kerne entfernen und in Streifen schneiden. Knoblauchzehen und Schalotten kleinwürfelig schneiden.

◆ In einer Pfanne Öl erhitzen, Knoblauch und Schalotten darin hell anschwitzen. Paprikastreifen zugeben und einige Minuten mitbraten. Tomatenwürfel einmengen, durchrühren und kurz aufkochen lassen. Mit Tabasco- oder Chilisauce, Salz, Pfeffer und Provencekräutern würzen. Unter gelegentlichem Rühren das Gemüse so lange einkochen lassen, bis die Flüssigkeit nahezu verdampft ist.

◆ Inzwischen Eier verquirlen, mit Salz und Pfeffer würzen. In einer passenden Pfanne etwa 1/2 EL Butter erhitzen, ein Viertel der Eier eingießen und kurz anstocken lassen. Ein Viertel der inzwischen eingekochten Gemüsemasse darüber verteilen und etwas anziehen lassen. Vorsichtig herausheben, auf einem Teller anrichten und warm stellen.

◆ Die restlichen 3 Omeletten ebenso backen. Vor dem Servieren mit gerösteten Speckwürfeln oder Schinkenscheiben und gehacktem Basilikum garnieren.

CROQUE MADAME

Frankreich

ZUTATEN

8 Scheiben Toastbrot

100 ml trockener Weißwein

150 g Gruyère-Käse (ersatzweise Emmentaler)

200 ml Milch

2 Eier

1 Messerspitze Paprikapulver

1 Prise Chilipfeffer oder Muskatnuss, gerieben

Öl zum Ausbacken

ZUBEREITUNG

◆ In einer Kasserolle den Weißwein bis knapp unter den Siedepunkt erhitzen. Den Käse kleinwürfelig schneiden. Käsewürfel zugeben und unter ständigem Rühren bei mäßiger Hitze zu einer sämigen Masse köcheln.

◆ Die Hälfte der Toastbrotscheiben mit der Käsemasse bestreichen und jeweils mit einer Brotscheibe bedecken. In einem tiefen Teller die Eier mit Milch, Paprikapulver, Chili oder Muskatnuss verrühren.

◆ In eine Pfanne etwa fingerhoch Öl eingießen und erhitzen. Die gefüllten Toasts in der Eiermilch beidseitig kurz wenden und im heißen Öl auf beiden Seiten goldgelb backen. Herausheben und auf Küchenkrepp gut trocken tupfen.

GARZEIT: 5–6 Minuten

CROQUE MONSIEUR

Frankreich

ZUTATEN

8 Scheiben Toastbrot

4 Scheiben Gruyère-Käse (ersatzweise Emmentaler)

4 Scheiben Schinken oder 8 Scheiben Frühstücksspeck

200 ml Milch

2 Eier

1 Messerspitze Paprikapulver

1 Prise Chilipfeffer oder Muskatnuss, gerieben

Öl zum Ausbacken

ZUBEREITUNG

◆ Die Hälfte der Toastbrote jeweils mit einer Scheibe Käse und Schinken bzw. 2 Scheiben Frühstücksspeck belegen. Jeweils mit einer Scheibe Brot bedecken.

◆ In einem tiefen Teller die Eier mit Milch, Paprikapulver, Chili oder Muskatnuss verrühren.

◆ In eine Pfanne etwa fingerhoch Öl eingießen und erhitzen. Die gefüllten Toasts in der Eiermilch beidseitig kurz wenden und im heißen Öl auf beiden Seiten bei möglichst kleiner Hitze und geschlossenem Deckel so lange backen, bis der Käse geschmolzen ist und die Toasts schön goldgelb sind. Herausheben und vor dem Servieren gut abtupfen.

GARZEIT: 8–10 Minuten

TIPP: Lassen Sie die fertigen Toasts noch 1–2 Minuten auf Küchenkrepp rasten. So wird das Fett gut abgetupft und der erste Bissen fällt nicht ganz so gefährlich heiß aus.

KREVETTEN MIT KNOBLAUCH (GAMBAS AL AJILLO)

Andalusien

Foto oben

ZUTATEN

500 g kleine Gambas (Krevetten)
1 rote Chilischote, 5 Knoblauchzehen
2 EL Petersilie, fein gehackt
1 Lorbeerblatt
Olivenöl
Meersalz und Pfeffer aus der Mühle

GARZEIT: 2 Minuten

ZUBEREITUNG

◆ Gambas aus der Schale lösen und den Darm entfernen. Die Chilischote entkernen und in dünne Halbringe, den Knoblauch fein schneiden.
◆ Olivenöl in einer Pfanne erhitzen und Gambas mit Chili, Knoblauch und Lorbeerblatt unter ständigem Rühren bei relativ großer Hitze 2 Minuten garen.
◆ Vor dem Servieren mit Salz sowie Pfeffer würzen und mit gehackter Petersilie bestreuen.

FRITTIERTE SARDELLEN

Andalusien

ZUTATEN

500 g kleine fangfrische Sardellen
2 EL Zitronensaft
1 unbehandelte Zitrone
Olivenöl
Salz
Mehl

ZUBEREITUNG

◆ Die Sardellen waschen, aber nicht ausnehmen. Mit Zitronensaft beträufeln, leicht salzen und in Mehl wenden.
◆ Ausreichend viel Öl in einem Topf erhitzen. Überschüssiges Mehl abklopfen und die Sardellen im heißen Öl schwimmend herausbacken. Herausheben, auf Küchenkrepp abtropfen lassen und mit der in Spalten geschnittenen Zitrone servieren.

STOCKFISCHPÜREE

Spanien

ZUTATEN

1 Stockfisch (ca. 500 g)
ca. 125 ml Olivenöl
Muskatnuss, gerieben
3 Knoblauchzehen
1 Bund Petersilie
Meersalz aus der Mühle
Pfeffer aus der Mühle
Gerührte Polenta (s. S. 91)

ZUBEREITUNG

◆ Den Stockfisch mindestens 24 Stunden (am besten aber noch länger) wässern und dabei zwei- oder dreimal das Wasser wechseln. Dann herausheben und trocken tupfen. Von Gräten sorgfältig befreien, in Stücke schneiden und zusammen mit dem Olivenöl in einen Mixer geben. Mit Salz, Pfeffer sowie Muskatnuss würzen und cremig pürieren.

◆ Knoblauch und Petersilie fein schneiden und in das Fischpüree einrühren.

◆ Nun in einem Topf unter ständigem Rühren auf kleiner Flamme langsam lau erwärmen, aber keinesfalls kochen oder zu stark erhitzen – das Püree würde sonst gerinnen.

◆ Mit der nach Anleitung vorbereiteten Polenta lauwarm servieren.

MEZES
WAS SCHON IMPERATOREN UND SULTANE SCHNABULIERTEN

Die Mezes-Küche der Levante hat ihre wahren Wurzeln in den Essgewohnheiten der Antike. Ihre beiden wichtigsten Grundlagen sind orientalische Gewürze und Kochtraditionen sowie altrömische Koch- und Essgewohnheiten. Letztere sind in Italien so gut wie ausgestorben, haben aber etwa in der Küche der islamischen Länder bis heute überlebt.

Mezes, Mezzé, Mazé, Mezeler oder – arabisch – Muqabilat einfach mit „Vorspeisen" zu übersetzen, wäre indessen ein Fehler. Tatsächlich handelt es sich dabei nämlich um ein ganzes Vorspeisenballett, eine kaum enden wollende Aufeinanderfolge vieler winziger Gänge aus der kalten und warmen Küche, die sich gemeinsam durchaus zu einem vielgängigen Menü zusammenfügen können.

Die einzelnen Gänge einer Mezes-Folge werden üblicherweise in kleinen Porzellanschüsselchen aufgetragen. Manche beinhalten nur ein paar mit Knoblauch und Öl gewürzte Oliven, kleine Würzbissen oder geröstete Mandeln, andere jedoch gefüllte Gemüse und Teigtäschchen, kleine Fisch- oder Fleischgerichte und jede Menge Salate sowie pikante Aufstriche und würzige Pasten. Eine klassische Mezes-Platte umfasst mindestens ein Dutzend, in besonderen Fällen sogar bis zu dreißig verschiedene Speisen: Kichererbsenbrei oder Melanzanipüree sind dabei ebenso Fixstarter wie pochiertes Lammhirn mit Gemüse, alle Arten von Meeresfrüchten, ausgelöste Seeschnecken oder luftgetrocknete Makrelen.

Wer niemals davon gekostet hat, weiß nicht, was Genuss „à l'orientale" wirklich ist.

GRATINIERTE AUSTERN MIT CHAMPAGNER

Cannes

ZUTATEN

12 frische Austern

3 EL Crème fraîche

300 ml Champagner

1 Schuss Pastis (Anisschnaps)

2 EL Butter, kalt

1 EL Mie de pain (Brösel von entrindetem Weißbrot)

BACKOFENTEMPERATUR: 220 °C, dann maximale Oberhitze

BACKZEIT: 10–12 Minuten

TIPP: Besonders hübsch macht es sich, die überbackenen Austern vor dem Servieren mit einem Kaviarhäubchen zu dekorieren und jenen Champagner dazu zu trinken, mit dem man auch gekocht hat.

ZUBEREITUNG

◆ Austern mit einem Austernmesser an jener Stelle, an der ein schwarzer Punkt sichtbar ist, öffnen und aus der Schale lösen, Austernwasser durch ein Sieb oder einen Kaffeefilter abgießen und beiseite stellen. Flache Schalenhälften wegwerfen. Tiefe Hälften mit Wasser gründlich abspülen.

◆ Austernwasser in einer Kasserolle mit etwa der Hälfte des Champagners vermischen und langsam zum Köcheln bringen. Die Austern darin ganz kurz ziehen lassen, bis sie sich fest, aber immer noch elastisch anfühlen. Herausnehmen und warm stellen.

◆ Crème fraîche einrühren und alles bei starker Hitze auf etwa ein Drittel einkochen. Pastis und restlichen Champagner hinzufügen, noch einmal kurz einreduzieren. Kasserolle vom Feuer nehmen, eiskalte Butter in kleineren Flocken einrühren und die Sauce damit binden.

◆ Währenddessen den Backofen auf 220 °C vorheizen und die Austernschalen darin etwas anwärmen. Die Austern auf die vorgewärmten Austernschalen verteilen und gleichmäßig mit Sauce begießen. Auf ein Backblech setzen, mit Weißbrotbröseln bestreuen und im Backofen bei maximaler Oberhitze goldbraun gratinieren.

VENUSMUSCHELN IN SHERRY

Andalusien

ZUTATEN

500 g Venusmuscheln

1 große Tomate

1 Messerspitze Safran

1 große weiße Zwiebel, gehackt

3 Knoblauchzehen, geschnitten

2 EL Petersilie, fein gehackt

2 cl trockener Sherry

Meersalz und Pfeffer aus der Mühle

Olivenöl

GARZEIT: 10–13 Minuten

ZUBEREITUNG

◆ Venusmuscheln gründlich waschen.

◆ Die Tomate kurz heiß überbrühen, enthäuten, Stielansatz entfernen und durch ein Sieb drücken. Safran einrühren.

◆ Den Boden einer Pfanne mit Olivenöl bedecken und die klein geschnittenen Knoblauchzehen darin anschwitzen. Die gehackte Zwiebel zugeben und mitdünsten.

◆ Die Venusmuscheln einmengen und 2–3 Minuten unter ständigem Rühren dünsten. Tomatenmasse zugeben und nach 1 Minute mit Sherry ablöschen. Je nach Größe der Muscheln etwa 5–7 Minuten köcheln lassen.

◆ Vor dem Servieren mit Salz sowie Pfeffer abschmecken und mit gehackter Petersilie bestreuen.

WEINBERGSCHNECKEN MIT KARTOFFELN UND PERNOD

Provence

ZUTATEN

24 Weinbergschnecken

24 kleine Kartoffeln

3 Schalotten

$\frac{1}{2}$ Karotte

$\frac{1}{2}$ Stange Sellerie

2 cl Pernod (frz. Anislikör)

2 cl Noilly-Prat (frz. Wermut)

100 ml Weißwein

60 g Butter, kalt

125 g Crème fraîche

20 g Parmesan, frisch gerieben

etwas Petersilie

Meersalz aus der Mühle

Pfeffer aus der Mühle

Olivenöl

BACKOFENTEMPERATUR: 220 °C bei starker Oberhitze

GARZEIT: Kartoffeln 15–18 Minuten, einige Minuten überbacken

BEILAGENEMPFEHLUNG: getoastetes Weißbrot oder frische Foccacia

ZUBEREITUNG

◆ Die geschälten Kartoffeln in Salzwasser weich kochen und etwas auskühlen lassen. Mit einem kleinen Messer auf zwei Seiten gerade abschneiden und die Kartoffeln oval zuschneiden. Mit einem Parisienne- oder Rundausstecher in jede Kartoffel für je eine Schnecke eine kleine Mulde ausschneiden. Mit Folie abdecken und warm stellen.

◆ Die geschälten Schalotten, die Karotte und den Stangensellerie feinwürfelig schneiden. In etwas Olivenöl anschwitzen und mit Pernod, Noilly-Prat und Weißwein ablöschen. Bei kleiner Hitze weich dünsten. Crème fraîche einmengen, kalte Butter einrühren, aber nicht mehr kochen und mit frisch gemahlenem Salz und Pfeffer abschmecken.

◆ Die Schnecken in diesem Sud erhitzen und je eine in eine Kartoffel setzen.

◆ Die Kartoffeln mit etwas Gemüsesauce überziehen (den Rest warm stellen) und mit frisch geriebenem Parmesan bestreuen. In eine Backform setzen und im auf 220 °C vorgeheizten Backofen bei starker Oberhitze kurz überbacken.

◆ Je sechs Kartoffeln auf einem Teller anrichten und mit der restlichen Sauce sowie frisch geschnittener Petersilie garnieren.

DATTELN IM SPECKMANTEL

Valencia

ZUTATEN

12 Scheiben geräucherter Schinkenspeck

24 getrocknete Datteln

2 Knoblauchzehen

Meersalz aus der Mühle

Pfeffer aus der Mühle

Olivenöl

ZUBEREITUNG

◆ Die entkernten Datteln jeweils in eine halbierte Scheibe Speck einrollen und mit einem Zahnstocher fixieren.

◆ In einer Pfanne ausreichend viel Olivenöl mit dem dünn geschnittenen Knoblauch erhitzen. Die Datteln einlegen und ausbacken, bis der Speck goldbraun ist. Herausheben, auf Küchenkrepp abtropfen lassen und vor dem Servieren mit Salz und Pfeffer würzen.

PANZANELLA-SALAT

Toskana

ZUTATEN

1 Focaccia mit 300–400 g vom Vortag (oder anderes
   entrindetes Weißbrot)

2 Zwiebeln oder mehrere Frühlingszwiebeln

5 Tomaten, am besten frisch von der Rispe

1 Gurke

Oliven, Kapern und Sardellen nach Wunsch

100 ml Rotweinessig

200 ml Gemüsefond

1 Bund Basilikum, frisch gehackt

Olivenöl

Meersalz, frisch gemahlen

Pfeffer, frisch gemahlen

TIPP: Das Öl darf erst ganz zum Schluss zugegeben
werden, da das Brot, sobald es einmal von Öl umge-
ben ist, keine Flüssigkeit mehr aufnehmen kann.

ZUBEREITUNG

◆ Das altbackene Brot in grobe Würfel schneiden und auf
einem Blech über Nacht trocknen.

◆ Die Gurke schälen, halbieren, entkernen, in Scheiben
schneiden und leicht einsalzen. Die Tomaten vierteln und
nochmals halbieren. Die geschälten Zwiebeln in feine
Streifen schneiden.

◆ Rotweinessig und Gemüsefond miteinander vermengen. Die Brotwürfel in eine Schüssel geben und mit etwas
Essigmischung beträufeln.

◆ Überschüssiges Wasser von den Gurken abgießen.
Gurken mit den Zwiebeln und Tomaten vermischen.
Restliche Essigmischung und das eingeweichte Brot zu-
geben. Mit Meersalz und Pfeffer aus der Mühle würzen.
Nach Belieben Kapern, Oliven und gehackte Sardellen un-
termengen. Abschließend das Olivenöl unterrühren und
Basilikum darüber streuen.

KRÄUTERSALAT

Frankreich

ZUTATEN

Kräuter nach Belieben und Saison (etwa Brunnenkresse,
    Minze, Basilikum, Petersilie, Kerbel, Löwenzahnspitzen,
    Fenchelgrün, Estragon oder Dillspitzen)

1 EL Senf

100 ml Estragonessig

100 ml Olivenöl

100 ml Walnussöl

ca. 200 ml Geflügelfond

Zitronensaft nach Belieben

Meersalz und Pfeffer aus der Mühle

Kapuzinerblüten zum Garnieren

ZUBEREITUNG

◆ Sämtliche Kräuter fein zupfen und möglichst kurz in Wasser waschen. In ein Tuch legen und mit der Hand oder in einer Salatschleuder trocken schleudern.

◆ Für die Marinade Senf, Essig und Geflügelfond in einer Schüssel vermengen. Unter ständigem Rühren langsam beide Öle einfließen lassen. Sollte das Dressing zu dick geraten, noch etwas Fond hinzufügen, da sonst die Kräuter an Aroma verlieren. Mit frisch gemahlenem Meersalz, Pfeffer und gegebenenfalls Zitronensaft abschmecken.

◆ Die Kräuter durch das Dressing ziehen und auf Tellern anrichten. Mit den Kapuzinerblüten garnieren.

CAPRESE

Golf von Neapel

ZUTATEN

2 Kugeln Mozzarella

4 Tomaten

Basilikumblätter

Salz aus der Mühle

Pfeffer aus der Mühle

Olivenöl

ZUBEREITUNG

◆ Mozzarella und Tomaten jeweils in Scheiben schneiden. Dann direkt auf den Tellern schuppenartig abwechselnd je eine Scheibe Mozzarella und Tomate sowie Basilikumblätter übereinander legen. Jeweils mit Pfeffer würzen und mit Olivenöl beträufeln.

◆ Abschließend noch mit frisch gemahlenem Meersalz bestreuen und mit etwas Olivenöl beträufeln.

RADICCHIO-TREVISANO MIT SCHAFKÄSE

Veneto

ZUTATEN

2 Radicchio-Trevisano

60 g Pinienkerne

100 g Schafkäse

100 ml Gemüsefond

100 ml Rotweinessig

1 EL Honig

Meersalz aus der Mühle

Pfeffer

2 Scheiben Toastbrot

ZUBEREITUNG

◆ Den Radicchio zuerst in lauwarmem, dann in kaltem Wasser waschen, damit er an Bitterstoffen verliert.

◆ Aus dem Gemüsefond mit Essig und Honig eine Marinade anrühren. Mit Meersalz und Pfeffer würzen.

◆ Pinienkerne mit einem kleinen Teil der Marinade marinieren, Schafkäse in Würfel schneiden. Toastbrot ebenfalls würfelig schneiden und zu knusprigen Croûtons rösten.

◆ Den gut abgetropften Radicchio durch die restliche Marinade ziehen und auf Tellern anrichten. Den Schafkäse darauf geben und mit Pinienkernen und Croûtons bestreuen.

HIRTENSALAT

Türkei

ZUTATEN

2 große Fleischtomaten
$\frac{1}{2}$ Salatgurke
je 1 rote und grüne Paprikaschote
1 rote Zwiebel
2 Frühlingszwiebeln
2 kleine frische Chilischoten
Petersilie
Saft von 1 Zitrone
Olivenöl
Meersalz

ZUBEREITUNG

◆ Die Tomaten, die Gurke, die entkernten Paprikaschoten und die Zwiebel in Würfel, die Frühlingszwiebeln in feine Ringe schneiden. Die Chilischoten halbieren, entkernen und fein schneiden.

◆ Alle Zutaten vermischen und mit Zitronensaft, Olivenöl, Meersalz und der grob gehackten Petersilie abschmecken. Gut durchziehen lassen und kalt servieren.

GRIECHISCHER BAUERNSALAT (HORIATIKI SALATA)

ZUTATEN

2 Fleischtomaten

1 Salatgurke

1 grüne Paprikaschote

1 rote Zwiebel

150 g Feta-Käse

100 ml Olivenöl

2 EL Rotweinessig

2 Frühlingszwiebeln

15 schwarze Kalamata-Oliven, entkernt

1 Oreganozweig

1 Thymianzweig

Meersalz aus der Mühle

Pfeffer aus der Mühle

ZUBEREITUNG

• Die Tomaten in kleine Spalten schneiden und nochmals halbieren. Die Gurke schälen, halbieren, entkernen und in Würfel oder Scheiben schneiden. Die Paprikaschote entstielen, entkernen und in Streifen schneiden. Die Zwiebel ebenso in Streifen schneiden.

• Das Gemüse mit dem würfelig geschnittenen Feta-Käse und den entkernten Oliven vermengen und mit Rotweinessig und Olivenöl marinieren. Mit Salz und Pfeffer aus der Mühle würzen.

• Die geschälten Frühlingszwiebeln schräg in Scheiben schneiden und über den Salat streuen. Mit gezupftem Oregano und Thymian garnieren.

TIPPS:

• Sollten Sie das Glück haben, eine unbehandelte Gurke verwenden zu können, so erübrigt sich das Schälen.

• Dieser kräftige Salat wird auch gerne als erfrischende kalte Vorspeise serviert, wozu dann knusprig-frisches Fladenbrot besonders gut passt.

Die mediterrane Küche

DIE BROTE
DES SÜDENS

CIABATTA, BRUSCHETTA,
PIZZA & CO.

Brot ist im Süden immer dabei. Ob zum Tunken in Olivenöl, zum Bestreichen mit appetitlichen Würzpasten, zum Füllen oder zum Überbacken. Die mediterrane Küche bietet aber auch eine schier unüberschaubare Auswahl von warmen Broten an, die sowohl als feine Vorspeise, als Zwischengericht oder – man denke nur an die Pizza – als veritable Hauptspeise genossen werden.

CIABATTA

Toskana

ZUTATEN FÜR 2 WECKEN

450 g glattes Mehl

15 g Hefe

ca. 250 ml Wasser, lauwarm

1 TL Zucker

1 EL Olivenöl

1 TL Salz

Mehl für die Arbeitsfläche

BACKOFENTEMPERATUR: 210 °C
BACKZEIT: ca. 35 Minuten

TIPPS:

◆ Eine pikante Geschmacksnote erhält die Ciabatta, wenn Sie klein geschnittene Kräuter, Artischocken oder getrocknete Tomaten unter den Teig mischen.

◆ Am besten schmeckt Ciabatta, wenn man sie etwa 20 Minuten auskühlen lässt und dann lauwarm serviert.

ZUBEREITUNG

◆ Hefe mit lauwarmem Wasser verrühren, Zucker einmengen und 10 Minuten gehen lassen. Mehl mit Olivenöl sowie Salz vermischen und das Hefe-Wasser nach und nach einarbeiten. Kneten, bis ein glatter Teig entsteht, der sich leicht von der Schüssel löst. Schüssel mit Klarsichtfolie abdecken und Teig an einem warmen Ort 1 Stunde gehen lassen.

◆ Teig auf einer bemehlten Fläche kurz durchkneten, in 2 Teile teilen und zu je einem Rechteck von ca. 30 x 15 cm ausrollen. Die kurzen Seiten einmal einschlagen und den Teig längs zur typischen Ciabatta-Form zusammenklappen. Die Nahtstellen fest zusammendrücken.

◆ Auf ein mit Backpapier ausgelegtes Backblech legen und nochmals 20 Minuten gehen lassen. Im auf 210 °C vorgeheizten Backofen auf der zweiten Schiene von unten ca. 35 Minuten backen.

◆ Auf einem Gitterrost auskühlen lassen.

BRUSCHETTA ODER CROSTINO –
DAS IST HIER DIE FRAGE

In der italienischen Antipasti-Küche sind sie die Zwillinge des feinen Bisses: In jedem Fall handelt es sich um geröstete Brotschnitten, die fantasievoll bestrichen, beträufelt, eingetunkt oder anderweitig verfeinert werden. Der Unterschied zwischen beiden bezieht sich vor allem auf die Größe des Brotes. Die Crostini haben ihren Namen von „crostare" (knusprig überbacken) und waren schon im 19. Jahrhundert die erklärten Lieblinge des berühmten italienischen Kochbuchautors Pellegrino Artusi. Die Brotscheiben können ruhig vom Vortag stammen, sollten dafür aber eher klein und dichtteigig sein.

Als Bruschette bezeichnet man hingegen größere Scheiben von knusprigem Weiß-, Kasten- oder Vollkornbrot, das noch vor dem Überbacken mit Knoblauch eingerieben und mit Olivenöl getränkt wird. Über die Herkunft des Wortes sind sich die Gastro-Linguisten nicht ganz einig, da die Bezeichnung sowohl von „bruscare" (rösten) oder „bruschinare" (striegeln) herrühren kann. In Wahrheit sind Bruschette sowohl gestriegelt (sprich: bestrichen) als auch geröstet. Letzteres übrigens idealerweise am Holzkohlengrill. Ersatzweise ist das Backrohr ein wesentlich verlässlicherer Ort als eine Pfanne oder gar ein unromantischer Toaster.

BRUSCHETTA MIT TOMATEN

Italien

ZUTATEN

12 Scheiben Ciabatta (s. S. 44 oder ähnliches Weißbrot),
   fingerdick geschnitten

4 Knoblauchzehen, fein gehackt

1 Bund Basilikum, gehackt

4 Tomaten

Meersalz aus der Mühle

Pfeffer aus der Mühle

Olivenöl

Balsamicoessig

BACKOFENTEMPERATUR: ca. 200 °C bei starker Oberhitze

BACKZEIT: einige Minuten

TIPP: Probieren Sie zur Abwechslung einmal Bruschetta aus herzhaftem dunklem Brot.

ZUBEREITUNG

◆ Die Tomaten kurz überbrühen, schälen, entkernen und in kleine Würfel schneiden. Mit dem gehackten Knoblauch, dem geschnittenen Basilikum, Balsamicoessig und Olivenöl marinieren. Mit Meersalz und Pfeffer aus der Mühle abschmecken. Alles ca. 1 Stunde ziehen und dann in einem Sieb abtropfen lassen.

◆ Die Brotscheiben mit etwas Olivenöl beträufeln und bei 200 °C (Oberhitze) im vorgeheizten Backofen toasten. Die Tomatenmasse auf die warmen Brotscheiben verteilen und sofort servieren.

VARIATIONSMÖGLICHKEITEN

Wie andere belegte Brote auch lässt sich Bruschetta mit unzähligen Zutaten variieren.

Für Bruschetta mit Steinpilzen werden die Pilze mit Tomaten und Zwiebeln angeröstet, gewürzt und auf dem Brot überbacken.

Für Bruschetta mit Kräutern vermischt man beliebige Kräuter mit passenden Gewürzen und beträufelt sie vor dem Überbacken noch kräftig mit feinem Olivenöl.

FOCACCIA

Rom

ZUTATEN

600 g Weizenmehl
400 ml Wasser, lauwarm
1 Würfel (ca. 40 g) Hefe
2 TL Zucker
1 TL Salz
4 EL Olivenöl
grobes Meersalz zum Bestreuen
Butter oder Öl für Form und Belag
Mehl für die Arbeitsfläche

BACKOFENTEMPERATUR: 210 °C
BACKZEIT: ca. 25 Minuten

ZUBEREITUNG

◆ Lauwarmes Wasser mit Hefe, Zucker und der halben Menge Mehl verrühren und ca. 20 Minuten gehen lassen. Restliches Mehl mit Salz und Olivenöl in den Vorteig einarbeiten und den Teig geschmeidig kneten. Zudecken und an einem warmen Ort 20–30 Minuten gehen lassen, bis sich das Volumen merklich vergrößert hat.
◆ Auf einer bemehlten Arbeitsfläche nochmals durchkneten und auf Backblechgröße ausrollen. Backblech mit Butter oder Öl bestreichen und den Teig auflegen. Abermals etwas gehen lassen.
◆ Mit den Fingern kleine Vertiefungen in den Teig drücken und in diese Olivenöl oder Butter streichen. Mit grobem Salz bestreuen. Teig mit einer Gabel mehrmals einstechen und im vorgeheizten Backofen bei 210 °C ca. 25 Min. backen.

VARIATIONSMÖGLICHKEITEN

◆ Verfeinern Sie diese Focaccia, indem Sie nach der halben Backzeit frische Kräuter, Mozzarella, Ziegenkäse, Artischocken oder Tomaten auflegen und mitbacken.

CROSTINI MIT OLIVENPASTE

Ligurien

ZUTATEN

12 Scheiben helles Landbrot

200 g schwarze Oliven, in Salz eingelegt

3 eingelegte Sardellenfilets

2 EL Kapern, klein gehackt

3 Knoblauchzehen, klein gehackt

1 TL Zitronensaft

Meersalz und Pfeffer aus der Mühle

Olivenöl

BACKOFENTEMPERATUR: ca. 200 °C bei starker Oberhitze

ZUBEREITUNG

• Die Sardellenfilets trocken tupfen und klein schneiden. Die Oliven entkernen, klein schneiden und mit den Sardellen, Kapern und Knoblauch im Mörser (oder mit dem Mixstab) zu einem Brei zerstampfen. Etwas Olivenöl darunter mischen, bis eine sämige Paste entsteht. Mit Zitronensaft, Salz sowie Pfeffer abschmecken.

• Das Brot im vorgeheizten Backofen bei 200 °C (Oberhitze) rösten, Olivenpaste darauf verteilen und nochmals leicht rösten. Rasch servieren, damit die Crostini knusprig bleiben.

Die mediterrane Küche

VON MANNA BIS MARGHERITA:
DIE GESCHICHTE DER PIZZA

Der erste Vorläufer der Pizza war vermutlich ein bereits im alten Babylon zubereitetes und heute noch im Nahen Osten verbreitetes gefülltes Brot namens Pita, das römische Besatzungssoldaten in Judäa kennenlernten. Es gibt sogar Anzeichen dafür, dass die Urpizza eine unmittelbare Nachfolgerin des biblischen Manna gewesen sein könnte. So wird Manna in der ältesten italienischen Bibelübersetzung als Focaccia wiedergegeben, und so heißt auch jenes in Rom noch heute gerne servierte, knusprige Teigblasen werfende Fladenbrot, das mit Öl, Kräutern, Zwiebeln und Oliven gewürzt wird und mit der Pizza mehr als nur entfernte Ähnlichkeit hat. Da die Unterseite solcher Fladen mitunter ziemlich schwarz gerät, sind manche Pizza-Forscher auch der Ansicht, dass Pizza nichts mit Pita, sondern eher etwas mit dem lateinischen „picea" zu tun hat, das nichts anderes bedeutet als: pechschwarz.

Trotz dieser römischen Verwandtschaft ist Neapel als Welt-Pizzahauptstadt nach wie vor unbestritten. Hier entstand auch die (gar nicht so unwahrscheinliche) Legende, die Bevölkerung sei einst dermaßen arm gewesen, dass sie sich nicht einmal Teller leisten konnte und stattdessen alte, trockene Brotfladen als Unterlage für ein höchst kärgliches Gericht aus Oliven, Käse und Kräutern verwendete. Nach der Rückkehr des Weltumseglers Christoph Columbus aus Amerika gesellten sich auch noch die zunächst als gesundheitsschädlich empfundenen und daher von den feineren Leuten gemiedenen Tomaten hinzu – und die sogenannte „Pizza al pomodoro" war entstanden.

Das vielleicht bedeutendste Eckdatum in der Pizza-Geschichte ist das Jahr 1889, als der bekannte neapolitanischer Pizzaiolo (Pizzakoch) Raffaele Esposito, von Königin Margherita eingeladen wurde, eine Pizzavariante auch bei Hof zu kochen, aus der sich die populäre Pizza Margherita entwickelte. Esposito kreierte damals eine Pizza – rot die Tomaten, grün das Basilikum und weiß der Mozzarella. Und weil das zufällig auch die italienischen Nationalfarben sind, ist die „Margherita" bis heute, zumindest in Italien, wohl auch die populärste aller Pizzas geblieben.

PISSALADIÈRE (PROVENÇALISCHE PIZZA)

ZUTATEN FÜR 6–8 PORTIONEN

330 g Mehl
200–250 ml Wasser, lauwarm
1 Päckchen Trockenhefe
1 Messerspitze Zucker
1 Prise Salz
2 EL Olivenöl
Mehl für die Arbeitsfläche
Öl für das Backblech

FÜR DEN BELAG

500–600 g Zwiebeln
3–4 Knoblauchzehen
100–150 g schwarze Oliven
8–10 eingelegte Sardellenfilets
2 Thymianzweige, gezupft
2–3 EL Olivenöl

BACKOFENTEMPERATUR: 220 °C
BACKZEIT: ca. 20 Minuten

ZUBEREITUNG

• In einer Schüssel lauwarmes Wasser mit Hefe, etwa der Hälfte des Mehls und Zucker vermengen und zugedeckt an einem warmen Ort 10–15 Minuten gehen lassen. Eine Prise Salz, restliches Mehl und Olivenöl einarbeiten und den Teig zu einer geschmeidigen Kugel kneten. Teig mit einem Küchentuch abdecken und um das Doppelte seines Volumens (etwa 1 Stunde) aufgehen lassen. Danach wieder zusammenschlagen und nochmals gut kneten.

• Ein Backblech mit Öl ausstreichen, Teig auf diese Größe ausrollen und auflegen. An den Rändern den Teig etwas hochziehen. Teigboden mit einer Gabel mehrmals einstechen und nochmals gehen lassen.

• Inzwischen für den Belag Zwiebeln in feine Streifen, Knoblauch in feine Scheibchen schneiden. Oliven halbieren und entkernen. Sardellenfilets abtropfen lassen und nach Bedarf Gräten auslösen.

• In einer Pfanne Olivenöl erhitzen, Zwiebeln langsam glasig anschwitzen, Knoblauch zugeben. Gezupften Thymian beimengen, kurz mitrösten und dann vom Feuer nehmen.

• Zwiebelmasse gleichmäßig auf den Teig auftragen und mit Oliven sowie Sardellen belegen. Alles nochmals 10–15 Minuten rasten lassen.

• Im vorgeheizten Backofen bei 220 °C ca. 20 Minuten knusprig backen. In Portionsstücke schneiden und auftragen.

PIZZA-GRUNDSAUCE (TOMATENSAUCE)

ZUTATEN

1 große Dose Pelati (geschälte Tomaten)
1 Bund Basilikum, gezupft
1 TL brauner Zucker
100 ml Olivenöl
Meersalz aus der Mühle
Pfeffer aus der Mühle

ZUBEREITUNG

Tomaten abseihen und gemeinsam mit den gezupften Basilikumblättern durch einen Fleischwolf drehen. Dann mit braunem Zucker, Meersalz sowie Pfeffer abschmecken und das Öl einrühren.

TIPPS: Steht kein Fleischwolf zur Verfügung, so können Sie die Tomaten (mit den Kernen) auch mit einem scharfen Messer ganz fein hacken und dann mit dem ebenfalls fein gehackten Basilikum vermengen.
Diese Tomatensauce gilt als klassischer Pizza-Grundbelag, schmeckt aber auch auf überbackenen, knusprigen Weißbrotscheiben ganz hervorragend.

PIZZATEIG (GRUNDREZEPT)

Neapel

ZUTATEN

500 g Mehl
1 Würfel Hefe (40 g)
250 ml Wasser, lauwarm
1 EL Salz
1 EL Honig
2 EL hochwertiges Olivenöl

BACKOFENTEMPERATUR: 220 °C
BACKZEIT: ca. 12–15 Minuten

TIPPS:

◆ Da dieses Pizzateig-Grundrezept aus einer Zeit stammt, in der Zuckerrohr zu den teuersten Zutaten der Welt zählte, wird hier originalerweise Honig verwendet. Seit dem Siegeszug des billigen Rübenzuckers im 19. Jhdt. wird Honig jedoch meist durch Zucker ersetzt.
◆ In Klarsichtfolie gewickelt, lässt sich Pizzateig problemlos im Kühlschrank bis zu zwei Tagen aufbewahren.

ZUBEREITUNG

◆ Hefe und Honig in etwa 70 ml lauwarmem Wasser auflösen. In einer Schüssel Salz und Mehl mit einem Knethaken vermischen. Öl, Hefe-Mischung und das restliche Wasser dazugeben und langsam alles gut verkneten. So lange kneten, bis sich der Teig vom Rand der Schüssel löst (rund 5 Minuten).
◆ Aus der Schüssel nehmen und mit der Hand weitere 2–3 Minuten kneten, bis ein schön geschmeidiger, seidiger Teig entsteht. In eine Schüssel geben, mit einem feuchten Tuch bedecken und rund 30 Minuten an einem warmen Platz rasten lassen.
◆ Den Teig in 4 Teile teilen und abermals mit der Hand jeweils noch 3 Minuten kneten. Dann noch ca. 1 Minute unter dem Handballen rollen, bis der Teig schön weich wird. Teigkugeln nun weitere 15–20 Minuten rasten lassen.
◆ Teig auf die gewünschte Größe hin dünn ausrollen und auf ein mit Backpapier ausgelegtes Backblech legen.
◆ Nach Belieben belegen und im vorgeheizten Backofen bei 220 °C etwa 12–15 Minuten backen.

PIZZA MARGHERITA

Neapel

ZUTATEN

Pizzateig laut Grundrezept (s. S. 49)

FÜR DEN BELAG

400 ml Pizza-Grundsauce (s. S. 48)
4 Kugeln Mozzarella
2–3 Tomaten
Salz
Oregano zum Bestreuen
Olivenöl

BACKOFENTEMPERATUR: 220 °C
BACKZEIT: ca. 12–15 Minuten

VARIATIONSMÖGLICHKEITEN

◆ Womit der Pizzateig zusätzlich zur Grundsauce noch belegt wird, ist letztlich Geschmacksache. Allerdings haben sich einige Klassiker besonders bewährt. Wie beispielsweise Pizza Cardinale. Dafür wird reichlich Schinken und Mozzarella auf den Teig gegeben.
◆ Wird Rohschinken verwendet, so harmoniert dieser auch besonders gut mit Käse – am besten man kombiniert gleich drei verschiedene Sorten und deckt den zarten Prosciutto damit ab. Sardellen und Oliven, Salsicce oder Thunfisch – erlaubt ist, was auf der knusprigen Pizza schmeckt!

ZUBEREITUNG

◆ Den Pizzateig laut Grundrezept zubereiten. Teigkugeln auf die gewünschte Größe hin dünn ausrollen und auf ein mit Backpapier ausgelegtes Backblech legen. Teigrand zwischen Daumen und Zeigefinger wulstartig etwas hochdrücken.
◆ Die Tomaten nach Bedarf kurz überbrühen und schälen. In Scheiben, Mozzarella in kleine Würfel schneiden.
◆ Pizza mit Tomatensauce bestreichen, mit Tomatenscheiben belegen und leicht salzen. Mozzarella darüber streuen, mit etwas Olivenöl beträufeln und mit Oregano würzen. Den Teigrand nach Belieben mit Olivenöl bestreichen und die Pizza im vorgeheizten Backofen bei 220 °C etwa 12–15 Minuten backen.

TIPPS

◆ Eine erfrischende Geschmacksnote erhält dieser Pizza-Klassiker, wenn Sie gemeinsam mit den Tomaten etwas Rucola auflegen, die aber beide gut mit Mozzarella oder Öl bedeckt sein sollten, damit sie beim Backen nicht austrocknen.
◆ Manche Firmen bieten Multidampfgarer an, die mit einer speziellen Pizza-Stufe ausgerüstet sind. Auf diese Weise werden ähnliche Backbedingungen wie in einem typischen Pizza-, Stein- oder Lehmofen erzeugt.
◆ Ideal für das Backen von Pizza im eigenen Ofen ist auch ein sogenannter Pizzastein. Die Fläche des Steins wärmt sich im Backrohr überdurchschnittlich stark auf, sodass die Pizza besonders knusprig wird.

CALZONE (GEFÜLLTE PIZZA)

Neapel

ZUTATEN
Pizzateig laut Grundrezept (s. S. 49)

FÜR DIE FÜLLE
300 g Mozzarella
250 g Ricotta
200 g Schinken
1 KL Oregano
2 EL Tomatenmark
2 EL Olivenöl
Salz
Pfeffer aus der Mühle

BACKOFENTEMPERATUR: 200 °C
BACKZEIT: ca. 20 Minuten

ZUBEREITUNG
◆ Den Pizzateig laut Grundrezept zubereiten und die Teigkugeln auf die gewünschte Größe hin dünn ausrollen. Mozzarella kleinwürfelig und Schinken in Streifen schneiden.

◆ Dann jeweils eine Pizzahälfte mit Mozzarellawürfeln, zerbröseltem Ricotta und Schinkenstreifen belegen sowie mit Oregano, Salz und Pfeffer würzen. Pizza zusammenlegen, die Ränder mit etwas Wasser befeuchten und fest zusammendrücken.

◆ Die Calzonefladen mit Tomatenmark bestreichen, auf ein mit Backpapier ausgelegtes Backblech legen und im vorgeheizten Backofen bei 200 °C ca. 20 Minuten backen. Vor dem Servieren mit Olivenöl beträufeln.

TIPP: Die Fülle kann nach Belieben variiert werden. Statt Schinken kann man Salami verwenden oder auch Tomatenwürfel und Basilikumblätter hinzufügen. Wichtig ist lediglich, reichlich Käse zu verwenden, damit die Calzone saftig bleibt.

ALLES
ÜBER PASTA

SPAGHETTI, RAVIOLI, GNOCCHI & CO.

Nudeln und andere mediterrane Teigwaren sind populärer denn je zuvor. Ihre Vielfalt ist unbeschreiblich, ihre Kombinationsfähigkeit mit Pesto und Sugo schier unendlich. Außerdem passen Nudelgerichte zur mediterranen Welle ebenso wie zum euro-asiatischen Trend. Und irgendwo zwischen China und Italien hat die Pasta ja wohl auch tatsächlich das Licht der kulinarischen Welt erblickt.

SPAGHETTI ALLA CARBONARA

Latium

ZUTATEN

320–400 g Spaghetti

100 g durchwachsener Speck

100 g Parmesan, frisch gerieben

3 EL Schlagobers

3 Eier

2 EL Olivenöl

2 Knoblauchzehen, klein geschnitten

Meersalz aus der Mühle

Pfeffer aus der Mühle

ZUBEREITUNG

◆ Den Speck in kleine Würfel schneiden und in einer großen Pfanne in heißem Olivenöl langsam ausbraten.

◆ Eier, Schlagobers, Salz und Pfeffer mit einem Schneebesen zu einer cremigen Masse rühren und 50 g (!) Parmesan unterrühren. Die Speckwürfel aus der Pfanne heben, warm halten und im verbliebenen Fett den geschnittenen Knoblauch andünsten.

◆ Die in Salzwasser al dente gekochten Spaghetti abgießen, abtropfen lassen und dazugeben. Gut durchschwenken. Die Pfanne vom Herd nehmen und die Eiermasse mit den Nudeln vermengen. Mit den Speckwürfeln und dem restlichen Parmesan bestreuen.

GARZEIT: Spaghetti je nach Stärke und Art ca. 7–12 Minuten (Anleitung beachten!)

TIPP: Noch feiner und sämiger gerät die Carbonara-Sauce, wenn Sie statt der Eier lediglich Eidotter verwenden.

SPAGHETTI MIT SARDELLEN UND GETROCKNETEN TOMATEN

Kampanien

ZUTATEN

320–400 g Spaghetti

12 getrocknete Tomaten

12 Sardellenfilets, in Öl eingelegt

je 12 schwarze und grüne Oliven

100 ml Weißwein

100 ml Gemüsefond

80 g Butter, kalt

Meersalz aus der Mühle

Pfeffer aus der Mühle

Petersilie, gehackt

ZUBEREITUNG

◆ Die getrockneten Tomaten nach Bedarf einweichen und dann in Streifen schneiden, die Oliven ebenfalls in schmale Streifen schneiden und die Kerne entfernen.

◆ Die Sardellen aus dem Öl nehmen, abtropfen lassen und das zurückgebliebene Öl in einer großen Pfanne erhitzen. Die Sardellenfilets darin kurz anschwitzen und dann mit einem Kochlöffel in kleine Stücke reißen.

◆ Die Tomatenstreifen gemeinsam mit den Oliven dazugeben und ebenfalls kurz anschwitzen. Mit Gemüsefond und Weißwein aufgießen und die Butter einrühren. Die Sauce sämig einkochen lassen.

◆ Die in Salzwasser al dente gekochten Spaghetti direkt aus dem Nudelwasser in die vorbereitete Sauce heben. Nochmals gut durchschwenken und mit gehackter Petersilie, Salz und Pfeffer würzen.

GARZEIT: Spaghetti je nach Stärke und Art ca. 7–12 Minuten (Anleitung beachten!)

SPAGHETTI VONGOLE

Venetien

Foto links

ZUTATEN

320–400 g Spaghetti

1 kg Vongole (Venusmuscheln)

2 Knoblauchzehen

250 g Kirschtomaten

125 ml Weißwein

ca. 200 ml Wasser

1 Chilischote, getrocknet

4 EL Olivenöl

Petersilie, gehackt

Meersalz aus der Mühle

Pfeffer aus der Mühle

GARZEIT: Spaghetti je nach Stärke und Art ca. 7–12 Minuten (Anleitung beachten!)

ZUBEREITUNG

◆ Die Venusmuscheln vor der Verwendung etwa 30 Minuten in einem Sieb mit kaltem Wasser ausspülen, damit der Sand aus den Muscheln entfernt wird.

◆ Den Knoblauch in dünne Scheiben schneiden und in etwas Olivenöl leicht anschwitzen. Die gewässerten Muscheln dazugeben und kurz durchrühren.

◆ Sobald sich die Muscheln geöffnet haben, mit Salz und Pfeffer würzen. Mit Weißwein ablöschen und mit Wasser aufgießen. Die Chilischote zwischen den Fingern zermahlen und gemeinsam mit den halbierten Tomaten dazugeben. Kurz durchkochen.

◆ Die in Salzwasser al dente gekochten Spaghetti abgießen, abtropfen lassen und unterrühren. Die gehackte Petersilie untermischen und restliches Olivenöl einrühren. Nochmals mit Salz und Pfeffer so abschmecken, dass die Spaghetti eine leichte Schärfe haben.

FUSILLI ALLA PUTTANESCA

Neapel

ZUTATEN

320–400 g Fusilli (kurze Spiralennudeln)

einige Sardellenfilets, in Öl eingelegt

1 Dose Pelati (geschälte Tomaten)

2 EL Kapern

15 schwarze Oliven, entkernt

1 getrocknete Chilischote

2 Knoblauchzehen

Meersalz aus der Mühle

Pfeffer aus der Mühle

Olivenöl

GARZEIT: Fusilli je nach Stärke und Art ca. 7–12 Minuten (Anleitung beachten!)

ZUBEREITUNG

◆ Den Knoblauch in Scheiben schneiden, einen Teil fein hacken und alles in Olivenöl goldgelb anrösten. Sardellenfilets in die Pfanne geben und mit einem Löffel zerdrücken.

◆ Die Tomaten auf ein Sieb schütten, abtropfen lassen und in grobe Stücke schneiden. Zu den Sardellen geben und langsam dahinköcheln lassen.

◆ Die Fusilli in Salzwasser al dente kochen.

◆ Währenddessen die Kapern, die halbierten Oliven sowie die zerdrückte Chilischote in die Sauce mengen. Mit Salz und Pfeffer würzen und weiter köcheln lassen. Sollte die Sauce zu dick geraten, etwas Nudelwasser dazugießen.

◆ Die gekochten Fusilli abgießen und in die Sauce geben. Gut durchschwenken und sofort servieren.

TIPP: Wenn Sie die Sardellenfilets direkt in der Pfanne zerkleinern, so bleibt das pikante Aroma voll erhalten und nicht am Schneidbrett „liegen".

PAPPARDELLE MIT SPARGEL UND SALSICCE

Norditalien

ZUTATEN

320–400 g Pappardelle (breite Bandnudeln)

500 g grüner Spargel

1 Stück Lauch

300 g Salsicce (ital. Bratwürstchen)

500 ml Gemüsefond

4 EL Butter, in der Pfanne gebräunt

Salz

GARZEIT: Pappardelle je nach Stärke und Art ca. 8–13 Minuten (Anleitung beachten!), Spargel je nach Stärke 5–8 Minuten

ZUBEREITUNG

◆ Den Spargel an den Enden schälen und allfällige holzige Stücke entfernen. Spargel in etwa 3 cm große Stücke schneiden und in Gemüsefond 5–8 Minuten weich dünsten. Mit einem Schaumlöffel herausheben und den Fond aufbewahren. Die Spargelspitzen zur Seite legen, die restlichen Spargelstücke pürieren.

◆ Den Lauch klein schneiden und in der gebräunten Butter andünsten. Die Salsicce enthäuten, in kleinere Stücken geschnitten zum Lauch geben und ebenfalls leicht anbraten. Nach einigen Minuten das Spargelpüree zugeben, mit dem Spargelfond aufgießen, salzen und noch rund 10 Minuten bei kleiner Hitze köcheln lassen.

◆ In der Zwischenzeit die Pappardelle in Salzwasser bissfest kochen. Abseihen, mit den beiseite gelegten Spargelspitzen zur Spargelsauce geben und alles gut vermengen.

FETTUCCINE MIT STEINPILZEN

Veneto

ZUTATEN

320–400 g Fettuccine (Bandnudeln)

150 g frische Steinpilze

1 Tomate

200 ml Geflügelfond

80 g Butter, kalt

Petersilie

Olivenöl

Meersalz aus der Mühle

Pfeffer aus der Mühle

Butter zum Braten

GARZEIT: Fettuccine je nach Stärke und Art ca. 8–13 Minuten (Anleitung beachten!)

ZUBEREITUNG

◆ Die Pilze putzen und in mittelstarke Scheiben schneiden. Einen Teil für die Garnitur zur Seite legen. Den Rest in etwas Olivenöl anschwitzen und mit frisch gemahlenem Salz und Pfeffer würzen. Mit Geflügelfond ablöschen und die eiskalte Butter einkochen lassen, bis die Sauce bindet und sämig wird.

◆ Die Pasta in Salzwasser al dente kochen, abgießen und in die Sauce geben.

◆ Die Tomate kleinwürfelig schneiden, die Petersilie grob schneiden und beides dazugeben. Mit Salz und Pfeffer abschmecken und gut durchschwenken.

◆ Die beiseitegelegten Steinpilze in Butter braten und die Pasta damit garnieren.

PAGLIA E FIENO (STROH UND HEU)

Toskana

ZUTATEN

200 g Tagliatelle (gelbe Bandnudeln)

200 g Tagliatelle verdi (grüne Bandnudeln)

200 g Prosciutto crudo (Rohschinken), im Ganzen

400 g Pelati (geschälte Tomaten aus der Dose)

150 g junge Erbsen, ausgelöst (auch tiefgekühlt)

1 Zwiebel

1–2 EL Olivenöl

150 ml trockener Weißwein

1 EL frischer Oregano oder Basilikum, gehackt

4 EL Parmesan, frisch gerieben

Meersalz aus der Mühle

Pfeffer aus der Mühle

GARZEIT: Tagliatelle je nach Stärke und Art ca. 8–13 Minuten (Anleitung beachten!), Tomatensauce ca. 20 Minuten

ZUBEREITUNG

◆ Die Zwiebel fein hacken und in heißem Olivenöl glasig anlaufen lassen. Mit Weißwein aufgießen und kräftig aufkochen, bis sich der Wein fast verkocht hat.

◆ Tomaten abtropfen lassen, klein hacken und unterrühren. Bei nicht zu großer Hitze etwa 15 Minuten einkochen.

◆ Währenddessen in einem großen Nudeltopf ausreichend Salzwasser zum Kochen bringen. Beide Nudelsorten entweder gemeinsam oder nacheinander – je nach eventuell unterschiedlicher Garungszeit – al dente kochen.

◆ Erbsen in etwas Salzwasser weich kochen und abseihen. Schinken in kleine Würfel schneiden und beides in die Tomatensauce einrühren. Mit Oregano oder Basilikum, frisch gemahlenem Salz und Pfeffer abschmecken.

◆ Fertig gekochte, abgetropfte Bandnudeln auf je einem Teller oder in einer großen Schüssel anrichten und mit der Sauce übergießen. Mit frisch geriebenem Parmesan bestreuen.

TAGLIATELLE MIT GEBACKENEN ZUCCHINIBLÜTEN

Ligurien

ZUTATEN

320–400 g Tagliatelle (Bandnudeln)

1 Zucchini

4 Zucchiniblüten

2 Knoblauchzehen

1 Thymianzweig

Je 1 rote und gelbe Paprikaschote

1 Tomate, am besten von der Rispe

50 g getrocknete Tomaten

80 g Parmesan, frisch gerieben

100 ml Kalbsfond

100 ml Schlagobers

Meersalz aus der Mühle

Pfeffer aus der Mühle

Olivenöl

Öl zum Herausbacken

FÜR DEN BACKTEIG

1 Ei

100 ml Weißwein

4 EL Mehl

2 EL Öl

Salz aus der Mühle

Pfeffer aus der Mühle

ZUBEREITUNG

• Die gut gewaschene Zucchini halbieren und schräg in Scheiben schneiden. Die getrockneten Tomaten nach Bedarf in lauwarmem Wasser einweichen und dann in Streifen schneiden.

• Die Stempel aus den Zucchiniblüten entfernen. Die Paprikaschoten schälen, entkernen und in feine Würfel schneiden. Die Tomate blanchieren (kurz überbrühen), schälen, entkernen und ebenfalls in Würfel schneiden. Nun 1 (!) Knoblauchzehe fein hacken und in Olivenöl anschwitzen. Paprika- und Tomatenwürfel sowie den gezupften Thymian dazugeben und kurz andünsten. Mit Salz und Pfeffer abschmecken und auskühlen lassen.

• Für den Backteig das Ei mit dem Weißwein verrühren. Das gesiebte Mehl untermischen und dann das Öl einrühren. Mit Salz und Pfeffer würzen. Die abgekühlte Masse in die Zucchiniblüten füllen und die Blätter gut anpressen. Die Blüten durch den vorbereiteten Backteig ziehen und in ausreichend heißem Öl herausbacken. Auf einem Küchenpapier abtropfen lassen.

• Den restlichen Knoblauch in Scheiben schneiden und in Olivenöl anrösten. Zucchini dazugeben und mit Kalbsfond und Schlagobers aufgießen. Kurz einkochen lassen.

• Währenddessen die Tagliatelle in Salzwasser al dente kochen, abseihen und unter die Zucchinisauce mengen. Die getrockneten Tomaten einmengen, den frisch geriebenen Parmesan einrühren und mit Meersalz sowie Pfeffer abschmecken.

• Die Pasta auf je einem Teller anrichten, die gebackenen Zucchiniblüten halbieren und je zwei Hälften darauf legen.

GARZEIT: Tagliatelle je nach Stärke und Art ca. 8–13 Minuten (Anleitung beachten!)

TIPP: Im Unterschied zu so manch anderen Backteigrezepten wird hier nicht auf Öl verzichtet, denn nur so werden die Zucchiniblüten so richtig „crispy".

TAGLIATELLE ALLA PRIMAVERA

Ligurien

ZUTATEN

320–400 g Tagliatelle (Bandnudeln)

200 g kleine Champignons

4 kleine Artischocken

1 kleine Zwiebel

2 kleine Zucchini

8 Stangen grüner Spargel

1/2 rote Paprikaschote

1 Lauchstange, nur das Weiße

1 Knoblauchzehe

Basilikumblätter

125 ml Tomatensauce (s. S. 48)

2 EL Butter

2 EL Parmesan, frisch gerieben

Salz aus der Mühle

Pfeffer aus der Mühle

Olivenöl

ZUBEREITUNG

◆ Zuerst das Gemüse vorbereiten. Dafür die geputzten Champignons und den Lauch in Scheiben schneiden. Die holzigen Blätter der Artischocken entfernen, die obere Spitze mit den fleischlosen Blättern abschneiden und den Boden glatt schneiden. Artischocken in Streifen schneiden.

◆ Den Spargel gegebenenfalls am unteren Ende schälen, holzige Teile entfernen und die Stangen in ca. 1,5 cm große Stücke teilen.

◆ Die Zwiebel fein hacken, die Zucchini sowie die Paprikaschote in feine Würfel schneiden. Den Knoblauch andrücken, in Olivenöl anschwitzen und wieder herausnehmen. Die Champignons zugeben und etwa 5 Minuten dünsten, bis die Flüssigkeit verkocht ist. Dann die Artischocken einrühren und ca. 10 Minuten dünsten. Zwiebeln einstreuen und ebenfalls andünsten.

◆ Anschließend das restliche Gemüse einmengen und bei großer Hitze weitere 10 Minuten unter ständigem Rühren garen. Mit Tomatensauce aufgießen, die fein geschnittenen Basilikumblätter einrühren und mit Salz und Pfeffer abschmecken.

◆ Inzwischen die Tagliatelle in Salzwasser al dente kochen. Abseihen und gemeinsam mit Butter und Parmesan unter das Gemüse mischen. Vor dem Servieren nochmals mit Salz und Pfeffer abschmecken.

GARZEIT: Tagliatelle je nach Stärke und Art ca. 8–13 Minuten (Anleitung beachten!), Gemüsesugo ca. 25–30 Minuten

LINGUINE MIT GÄNSELEBERSAUCE

Piemont

ZUTATEN

320–400 g Linguine (schmale Bandnudeln)

ca. 320 g Gänseleber

200 ml Kalbsfond

100 ml Weißwein

100 ml Schlagobers

Butter

Meersalz aus der Mühle

Pfeffer aus der Mühle

Parmesan, frisch gerieben

Mehl zum Wenden

Petersilie, gehackt

GARZEIT: Linguine je nach Stärke und Art ca. 6–10 Minuten (Anleitung beachten!)

TIPP: Wie alle bereits mit kalter Butter montierten Saucen darf auch diese Gänselebersauce nach dem Binden mit Butter keinesfalls nochmals aufgekocht werden, da sonst ihre Bindung verloren ginge.

ZUBEREITUNG

• In einer Kasserolle den Kalbsfond gemeinsam mit Weißwein etwa auf die Hälfte einkochen lassen. Mit Schlagobers aufgießen und nochmals einkochen lassen. Mit Salz und Pfeffer abschmecken.

• Von der sauber geputzten Gänseleber 4 dünne Scheiben mit jeweils ca. 60 g schneiden und diese kühl stellen. Die restliche Leber klein schneiden und in die heiße Sauce einrühren. Mit einem Stabmixer ordentlich aufmixen. Dabei eventuell noch ein wenig kalte Butter dazugeben, damit die Sauce schön sämig wird. Danach durch ein Sieb gießen, nochmals abschmecken, aber nicht mehr aufkochen.

• Währenddessen die Linguine in Salzwasser al dente kochen und abgießen. Mit der Gänselebersauce aufgießen und den frisch geriebenen Parmesan unterrühren.

• Leberscheiben in Mehl wenden und in einer heißen Pfanne ohne Fett von beiden Seiten goldgelb braten.

• Die Pasta auf Tellern anrichten, jeweils eine Scheibe Gänseleber darauf legen und mit gehackter Petersilie bestreuen.

RIGATONI ALL'AMATRICIANA

Latium

ZUTATEN

320–400 g Rigatoni (kurze, dicke Röhrennudeln)

400 g Pancetta (ital. Bauchspeck) oder magerer Räucherspeck

3 Zwiebeln

100 g Schinken, in Streifen geschnitten

125 ml trockener Weißwein

1 Messerspitze Cayennepfeffer

1 Prise getrockneter Oregano

125 ml Tomatensauce (s. S. 48)

ca. 125 ml Geflügelfond

1 kleine rote Pfefferschote

1 EL Butter

1 Lorbeerblatt

60 g Parmesan, frisch gerieben

Meersalz und Pfeffer aus der Mühle

Olivenöl

ZUBEREITUNG

• Die Zwiebeln fein hacken und in Olivenöl glasig dünsten. Den Speck würfelig schneiden, mit dem Lorbeerblatt zugeben und anbräunen. Das Fett abgießen, die Schinkenstreifen einstreuen und 2–3 Minuten weiter braten. Mit Wein ablöschen, dann die Hitze reduzieren. Oregano, die fein gehackte Pfefferschote, Cayennepfeffer sowie die Tomatensauce einrühren und mit Salz und Pfeffer abschmecken. Das Lorbeerblatt wieder entfernen und alles weitere 10 Minuten köcheln lassen. Je nach Konsistenz der Sauce noch mehr oder weniger Geflügelfond zugießen.

• Währenddessen die Rigatoni in Salzwasser al dente kochen (9–14 Minuten), abgießen und gemeinsam mit der Butter und dem geriebenen Parmesan mit der Sauce vermischen. Nochmals abschmecken.

GARZEIT: Sauce 15–20 Minuten

PENNE ALL'ARRABBIATA

Süditalien

ZUTATEN

320–400 g Penne

100 g durchwachsener Speck, in feine Streifen geschnitten

600 ml Tomatensauce (s. S. 48)

2 Tomaten

2 Knoblauchzehen

2 getrocknete Chilischoten

1 Prise Cayennepfeffer

Petersilie, gehackt

Meersalz und Pfeffer aus der Mühle

Olivenöl

Parmesan, frisch gerieben

GARZEIT: Penne je nach Stärke und Art ca. 9–12 Minuten (Anleitung beachten!)

ZUBEREITUNG

◆ Die Knoblauchzehen fein hacken und in etwas Olivenöl gemeinsam mit dem Speck anrösten.

◆ Die zerdrückten Chilischoten zugeben, rasch mit Tomatensauce aufgießen und alles gut durchkochen lassen.

◆ Die in Salzwasser al dente gekochten Penne mit einem Schaumlöffel direkt vom Nudelwasser in die Tomatensauce heben und nochmals durchkochen lassen. Mit Cayennepfeffer, frisch gemahlenem Meersalz, Pfeffer und der gehackten Petersilie abschmecken.

◆ Tomaten in sehr feine Würfel schneiden und gemeinsam mit einem Schuss bestem Olivenöl einmengen. Mit frisch geriebenem Parmesan nach Belieben bestreuen.

TIPP: Sollte sich die Sauce zu stark einkochen, so gießen Sie einfach mit etwas Nudelwasser auf.

CAVATELLI MIT PANCETTA UND RUCOLA

Apulien

ZUTATEN

320–400 g Cavatelli (Muschelnudeln)

100 g Pancetta (ital. Bauchspeck; ersatzweise auch Prosciutto crudo)

70–100 ml Balsamicoessig

100 g Rucola

2 Knoblauchzehen

100 ml Gemüse- oder Geflügelfond

30 g Butter, kalt

2 Tomaten

50 g Parmesan, gerieben

Meersalz aus der Mühle

Pfeffer aus der Mühle

Olivenöl

GARZEIT: Cavatelli je nach Stärke und Art ca. 9–14 Minuten (Anleitung beachten!)

ZUBEREITUNG

◆ Die Tomaten blanchieren (kurz überbrühen), schälen, entkernen und in kleine Würfel schneiden. Pancetta ebenfalls klein schneiden. Rucola von den Stielen zupfen und waschen.

◆ Den fein gehackten Knoblauch in Olivenöl anschwitzen, mit Gemüse- oder Geflügelfond ablöschen und Balsamicoessig zugießen. Kurz einkochen lassen. Die kalte Butter einrühren, die Sauce damit binden und bis zur gewünschten Konsistenz einkochen lassen. Mit etwas frisch gemahlenem Meersalz würzen.

◆ Währenddessen die Cavatelli in ausreichend Salzwasser al dente kochen, abgießen und gemeinsam mit Tomaten, Pancetta und Rucola in die Sauce geben. Einmal kurz aufkochen, frisch geriebenen Parmesan sowie Pfeffer einrühren und nochmals gut durchschwenken.

TIPP: Achtung: Unter Cavatelli werden in Italien sowohl Muschelnudeln als auch, vor allem in Sizilien, kleine Klößchen (Gnocchi) verstanden.

RAVIOLI (GRUNDREZEPT)

ZUTATEN

300 g Mehl, doppelgriffig (ersatzweise griffiges Mehl
mit 2–3 EL Grieß vermischt)

3 Eier

1 Schuss Olivenöl

1 Ei zum Bestreichen

500 g Fülle nach Belieben (siehe folgende Seiten)

Mehl für die Arbeitsfläche

Salz

Butter und Parmesan nach Belieben

ZUBEREITUNG

◆ Das Mehl mit den Eiern und dem Olivenöl am besten in der Küchenmaschine gut verarbeiten und zu einem geschmeidigen Teig kneten. Nach Bedarf noch etwas Wasser einarbeiten, damit der Teig nicht zu fest wird. Nun den Teig teilen und auf einer bemehlten Arbeitsfläche zu 2 Rechtecken mit je ca. 20 x 30 cm Fläche ausrollen (2).

◆ Eines der beiden Rechtecke zur Gänze mit dem verschlagenen Ei bestreichen (3).

• Die vorbereitete Fülle in kleinen Häufchen (etwa 1 Teelöffel) in regelmäßigen Abständen von etwa 2,5 cm auf die mit Ei bestrichene Teigfläche setzen. Dabei mindestens einen 1 cm breiten Streifen an den Rändern frei lassen (4).

• Das zweite Teigstück darüber legen. Den Teig an den Rändern und rund um die Füllung gut anpressen (5).

• Mit einem Teigrad, einem Ravioli-Ausstecher oder einem umgedrehten Glas etwa 5 cm große Ravioli ausstechen, die Ränder nochmals festdrücken und auf eine bemehlte Unterlage legen (6).

• In einem großen Topf ausreichend viel Salzwasser aufkochen und die Ravioli leicht wallend 3–5 Minuten ziehen lassen. Vorsichtig herausheben und gut abtropfen lassen. Nach Belieben mit flüssiger Butter beträufeln und mit frisch geriebenem Parmesan bestreuen.

GARZEIT: 3–5 Minuten

TIPPS: Es muss nicht der gesamte Nudelteig auf einmal verarbeitet werden, denn der Teig hält sich in Folie gewickelt im Kühlschrank problemlos 2 Tage.
Auch die bereits gefüllten Ravioli lassen sich 1–2 Tage aufbewahren, indem man sie auf ein bemehltes Blech legt und gut mit Frischhaltefolie abdeckt.
Sollen die Ravioli tiefgekühlt werden, so friert man sie direkt auf einem bemehlten Blech oder Brett ein und gibt sie dann erst in Gefrierbeutel.

VARIATIONSMÖGLICHKEIT
Nicht immer müssen die gekochten Ravioli als Pastagericht serviert werden. Sehr gerne landen sie auch als Ravioli in brodo in einer kräftigen, heißen Rindsuppe.

RICOTTA-SPINAT-RAVIOLI

Lombardei

ZUTATEN
Ravioli (Grundrezept s. S. 66)
150 g Blattspinat, blanchiert (ersatzweise Tiefkühlprodukt)
300 g Ricotta
2 Eidotter
Cayennepfeffer
1 TL Salz
Pfeffer aus der Mühle

ZUBEREITUNG
• Den gut ausgedrückten, blanchierten (überbrühten) Spinat am besten in der Küchenmaschine mit Ricotta und den Eidottern gut vermischen. Mit Salz, Pfeffer und wenig Cayennepfeffer abschmecken.

• Wie im Grundrezept beschrieben weiterverarbeiten oder mit Frischhaltefolie abgedeckt im Kühlschrank bis zur weiteren Verwendung aufbewahren.

GARZEIT: Ravioli 3–5 Minuten
GARNITUREMPFEHLUNG: gebräunte Butter und Parmesansplitter

GARNELENRAVIOLI MIT GARNELENSAUCE

Venedig

ZUTATEN

Ravioli (Grundrezept s. S. 66)

400 g Garnelen, geschält (Schale aufheben)

1 Mozzarella

2 EL Olivenöl

1 Zwiebel, gehackt

3 EL Weinbrand

125 ml Schlagobers

2 EL Estragon, frisch gehackt

2 Eidotter

20 g Parmesan, gerieben

Saft von $\frac{1}{2}$ Zitrone

Meersalz aus der Mühle

Pfeffer aus der Mühle

FÜR DIE GARNELENSAUCE

Garnelenschalen

100 g Butter, eiskalt

100 ml Weißwein

5 cl Noilly-Prat (oder anderer trockener Wermut)

5 cl Weinbrand

1 Lorbeerblatt

1 Thymianzweig

ca. 500 ml Wasser

1 Fenchel

1 Sellerie

1 Zwiebel

250 ml Schlagobers

1 TL Tomatenmark

Olivenöl

Salz aus der Mühle

Pfeffer aus der Mühle

ZUBEREITUNG

◆ Die Zwiebel in heißem Olivenöl anschwitzen, die geputzten Garnelen (ohne Darm) dazugeben und kurz mitbraten. Mit Weinbrand ablöschen, mit Obers aufgießen und etwa 10 Minuten einkochen. In eine Schüssel gießen und abkühlen lassen.

◆ Die Garnelen mit Mozzarella, Estragon, Dottern und Parmesan in der Küchenmaschine zu einem glatten Püree verarbeiten. Mit Zitronensaft, Salz und Pfeffer abschmecken.

◆ Wie im Grundrezept beschrieben verarbeiten und mit der vorbereiteten Garnelensauce servieren.

◆ Für die Garnelensauce die Zwiebel und das Gemüse in mittelgroße Würfel schneiden und in wenig Öl sehr heiß anbraten. Garnelenschalen, Gewürze und Tomatenmark dazugeben und kräftig mitrösten. Mit Weißwein, Noilly-Prat und Weinbrand ablöschen und mit Wasser aufgießen. Ordentlich durchkochen, bis die Sauce etwa um die Hälfte reduziert ist. Obers zugießen und nochmals etwas einkochen.

◆ Durch ein Sieb gießen, mit der kalten Butter aufmixen und mit Salz sowie Pfeffer abschmecken.

GARZEIT: Ravioli 3–5 Minuten

RAVIOLONI MIT KAISERGRANAT

Südfrankreich

ZUTATEN FÜR 8 GRÖSSERE TASCHEN

Ravioli (Grundrezept s. S. 66)

250 g Kabeljaufilet

500 ml Fischfond (s. S. 102)

150 g Kartoffeln

200 ml Olivenöl

4 Kaisergranate (Kaiserhummer)

100 g Butter, kalt

1 TL Safranfäden

1 Korianderzweig

Meersalz aus der Mühle

Pfeffer aus der Mühle

GARZEIT: Ravioloni 3–5 Minuten, Kabeljau und Kaisergranate einige Minuten, Kartoffeln 18–20 Minuten

TIPP: Stehen keine Kaisergranate zur Verfügung, so lassen sich diese Ravioloni selbstverständlich auch mit kurz angebratenen Scampi o. ä. füllen.

ZUBEREITUNG

◆ Den Kabeljau in Fischfond glasig pochieren, herausnehmen und mit den Fingern „zerblättern".

◆ Kartoffeln in Salzwasser weich kochen und durch eine Kartoffelpresse drücken. Kabeljau und Olivenöl unter die Kartoffeln mengen. Mit Salz sowie Pfeffer abschmecken.

◆ Die Kaisergranatschwänze ausbrechen, in etwa 1 EL Butter langsam braten und dann halbieren.

◆ Teig nach Grundrezept zubereiten und zu acht dünnen Platten ausrollen. Nudelteigblätter mit Eidotter bestreichen, etwas Fischmasse darauf setzen und einen halbierten Kaisergranatschwanz darauf legen. Das Nudelblatt zusammenklappen, mit einer Gabel die drei offenen Seiten gut andrücken. Die Ravioloni auf ein bemehltes Blech legen.

◆ Etwa 300 ml Fischfond aufkochen, Safranfäden zugeben, etwas einkochen lassen und restliche Butter einmixen.

◆ Währenddessen die Ravioloni in Salzwasser kochen, abtropfen lassen und in den Safranfond geben. Gehackten Koriander einrühren, nochmals kurz aufkochen und in tiefen Tellern anrichten.

LASAGNE AL FORNO

Neapel

ZUTATEN

ca. 15 Lasagneblätter
80 g Parmesan, frisch gerieben
Butter für die Form

FÜR DIE RAGOUTSAUCE

80 g Zwiebeln, fein gewürfelt
80 g Karotten, fein gewürfelt
80 g Knollensellerie, fein gewürfelt
600 g Faschiertes
1 große Dose Pelati (geschälte Tomaten)
100 ml Rotwein
4 EL Olivenöl
1 TL Oregano
2 Lorbeerblätter
3 Thymianzweige, gehackt
2 Knoblauchzehen, fein gehackt
2 EL Tomatenmark
Meersalz aus der Mühle
Pfeffer aus der Mühle

FÜR DIE BÉCHAMELSAUCE

1 l Milch
60 g Mehl
60 g Butter
etwas Muskatnuss
Salz

ZUBEREITUNG

◆ In einem breiten Topf das Olivenöl erhitzen und das fein geschnittene Gemüse darin anschwitzen. Dann das Faschierte dazugeben und mit einem Kochlöffel gut zerteilen. (Dabei darauf achten, dass das Faschierte kein Wasser zieht, damit es nicht zäh wird.) Mit Rotwein ablöschen und gut umrühren, damit sich der Bodensatz löst.

◆ Das Tomatenmark einrühren. Die Tomaten ohne Saft dazugeben (den Saft für später bereithalten) und die Tomaten mit dem Kochlöffel zerdrücken. Die Gewürze und den Knoblauch untermischen. Kurz durchkochen und bei mäßiger Hitze etwa 1 Stunde dahinköcheln lassen. Währenddessen wiederholt umrühren und gegebenenfalls noch etwas Tomatensaft zugießen. Abschließend mit Salz und Pfeffer abschmecken.

◆ Für die Béchamelsauce die Butter in einem Topf zerlassen. Das Mehl einrühren und kurz anschwitzen. Dann unter ständigem Rühren nach und nach die Milch zugießen. Mit Muskatnuss und Salz abschmecken und gut durchkochen lassen.

◆ Eine Auflaufform mit Butter ausstreichen. Dann abwechselnd Ragout und Béchamelsauce einfüllen und jeweils mit Lasagneblättern belegen. So lange wiederholen, bis alle Zutaten verbraucht sind. Die oberste Schicht soll Ragout mit Béchamelsauce sein. Gleichmäßig mit frisch geriebenem Parmesan bestreuen und im vorgeheizten Backofen bei 220–240 °C etwa 20–25 Minuten backen (Packungsanleitung beachten!).

◆ Vor dem Servieren noch einige Minuten im abgeschalteten Backofen rasten lassen.

BACKOFENTEMPERATUR: 220–240 °C
GARZEIT: Ragout ca. 1 Stunde, Lasagne 20–25 Minuten

.

GNOCCHI (GRUNDREZEPT)

ZUTATEN

500 g Kartoffeln, gekocht

50 g Mehl

30 g Grieß

1 Eidotter

1 TL Salz

weißer Pfeffer

Muskatnuss, gerieben

ZUBEREITUNG

◆ Die gekochten Kartoffeln schälen und durch eine Kartoffelpresse drücken (2).

◆ Die Masse auf einer Arbeitsfläche verteilen und mit Mehl, Grieß, Eidotter, Salz, etwas Muskatnuss und Pfeffer zu einem weichen, aber formbaren Teig verkneten (3).

◆ Etwa 60 Minuten kühl rasten lassen. In einem großen Topf ausreichend viel Salzwasser aufkochen lassen und zuerst einen „Probegnoccho" kochen. Sollte der Teig zu weich sein, noch etwas Mehl oder Grieß einarbeiten. Dann eine daumendicke Teigrolle formen (4).

• Davon etwa 3 cm lange Stücke abschneiden, rundlich formen und mit einer Gabel jeweils längs eindrücken (5).

• In das kochende Wasser einlegen, aufsteigen und noch 2–3 Minuten ziehen lassen (6). Vorsichtig herausheben und abtropfen lassen.

GARZEIT: ca. 2–3 Minuten nach dem Aufsteigen

MELANZANIGNOCCHI

Ligurien

VARIATIONSMÖGLICHKEITEN

• Die nach diesem Grundrezept zubereiteten Gnocchi können auf vielfältige Weise „veredelt" werden, etwa durch Schwenken in brauner Butter oder durch die Zugabe von gehackten Kräutern, geriebenen Nüssen oder kleinen Prosciuttowürfeln.

• Für Salbeignocchi schwenkt man einige Salbeiblätter in Butter und mischt sie dann unter die gegarten, abgetropften Gnocchi. Vor dem Servieren mit frisch geriebenem Parmesan bestreuen.

• Besonders fein schmecken Gnocchi, wenn sie in einer Weißweinsauce mit gehacktem Lammfleisch und Artischocken serviert werden.

• Je nach Gusto und Saison können in den Teig auch fein gehackte Oliven oder Spinat eingemengt werden.

• Mit deftigem Käse überbacken ergeben Gnocchi eine kräftige Hauptmahlzeit.

ZUTATEN

500 g Melanzani

500 g mehlige Kartoffeln

1 TL Balsamicoessig

1 EL Olivenöl

1 Eidotter

35 g Weizengrieß

75 g Mehl

Meersalz aus der Mühle

Pfeffer aus der Mühle

braune Butter und

geriebener Parmesan

BACKROHRTEMPERATUR: 220 °C
GARUNGSZEIT: Melanzani 20 Minuten,
Gnocchi 3 Minuten

ZUBEREITUNG

• Die Melanzani der Länge nach halbieren, mit der Schnittseite nach oben auf ein Backblech legen und mit etwas Meersalz bestreuen. Im vorgeheizten Backrohr bei 220 °C ca. 20 Minuten backen. Das Fruchtfleisch mit einem Löffel auslösen und auf ein Sieb geben. Gut ausdrücken und fein hacken.

• Die Kartoffeln in der Schale kochen, schälen, ausdämpfen lassen und durch eine Kartoffelpresse drücken.

• Mit dem Melanzanipüree, Eidotter, Balsamicoessig und Olivenöl vermischen. Mit Meersalz und Pfeffer würzen. Dann den Grieß und das Mehl untermengen.

• Auf einer Arbeitsfläche aus der Masse daumendicke Rollen formen und davon ca. 3 cm lange Stücke schneiden. Nach Belieben mit einer Gabel rillenartige Muster eindrücken. In kochendes Salzwasser einlegen, einmal kurz aufkochen und ca. 3 Minuten ziehen lassen. Vorsichtig herausheben und abtropfen lassen.

• Auf vorgewärmten Tellern anrichten, mit braun aufgeschäumter Butter übergießen und mit frisch geriebenem Parmesan bestreuen.

MELANZANIGNOCCHI MIT KIRSCHTOMATEN UND BÜFFELMOZZARELLA

Kampanien

ZUTATEN

Melanzanignocchi (s. S. 73)

1 Büffelmozzarella

ca. 15 Kirschtomaten, enthäutet

1 Knoblauchzehe

1 Basilikumzweig, gehackt

400 ml Tomatensauce (s. S. 48)

Meersalz aus der Mühle

Pfeffer aus der Mühle

Olivenöl

ZUBEREITUNG

◆ Den Teig für die Melanzanignocchi nach Anleitung zubereiten.

◆ Den Knoblauch schneiden, in Olivenöl anbraten und mit der Tomatensauce aufgießen. Kirschtomaten und Basilikum in die Sauce geben und durchkochen lassen.

◆ Die Gnocchi in Salzwasser etwa 3 Minuten kochen und direkt aus dem Kochwasser in die Sauce geben. Einmal gut durchkochen lassen und mit Meersalz und Pfeffer abschmecken. Auf Tellern anrichten und den kleinwürfelig geschnittenen Mozzarella darüber streuen.

GARZEIT: Gnocchi ca. 3 Minuten

TIPP: Vermeiden Sie es, den Mozzarella bereits in der Pfanne über die Gnocchi zu streuen, da Käse und Gnocchi rasch zusammenkleben und kaum mehr aus der Pfanne herauszubekommen sind.

GNOCCHI ALLA ROMANA

Latium

ZUTATEN

500 ml Wasser
180 g Polenta (Maisgrieß)
80 g Butter
1 EL Petersilie, gehackt
2 Salbeiblätter
etwas Rosmarin, Oregano und Zitronenmelisse
Salz
Fontina zum Bestreuen (ersatzweise Pecorino)
Butter für die Form

ZUBEREITUNG

• In einem großen Topf das Wasser mit Salz aufkochen und die Polenta unter ständigem Rühren mit dem Schneebesen langsam einrieseln lassen. Bei niedriger Hitze mit einem Kochlöffel weiterrühren, bis ein fester Brei entsteht.

• Den Maisbrei auf eine nasse Arbeitsplatte ca. 1 cm dick aufstreichen und abkühlen lassen.

• Währenddessen sämtliche Kräuter fein hacken und mit der geschmolzenen Butter vermischen.

• Die Polentamasse nach Belieben in Taler, Streifen etc. schneiden oder Formen ausstechen. In eine mit Butter ausgestrichene Auflaufform einlegen, mit der Kräuterbutter übergießen und mit geriebenem Fontina bestreuen. Im auf 220 °C vorgeheizten Backofen überbacken, bis der Käse schmilzt.

BACKOFENTEMPERATUR: 220 °C
BACKZEIT: ca. 5–8 Minuten

HÖLLISCHE ERREGUNGEN

Die feinen „Knödelchen" – genau das bedeutet das italienische Wort **Gnocchi** – stehen im Gegensatz zu den nördlichen Knödeln ganz und gar nicht im Ruf, derb und deftig zu sein. Ganz im Gegenteil: Sie wurden in ihrer langen Geschichte immer wieder als ein geradezu aphrodisisches Gericht gepriesen und von manchen sogar als Inbegriff des Lasters beschrieben. Giacomo Casanova etwa pflegte für seine eingestandenen 120 Affären durch den Genuss von Spinatgnocchi in Gorgonzolasauce, die er in seinen Memoiren auch ausdrücklich erwähnte, Manneskräfte zu tanken. Die Kirche gab dem berüchtigten Lüstling dabei, allerdings auf ihre Weise, völlig recht: Sie untersagte Jahrhunderte lang den Genuss der Botanikern damals bereits bestens bekannten Kartoffel. Somit waren auch die aus Kartoffelteig hergestellten Gnocchi verpönt, weil sie einem mit dem Hexenkraut eng verwandten Nachtschattengewächs entstammten, dessen Genuss beim Geschlechtsakt zu „höllischen Erregungen" führen konnte.

REIS UND ANDERE FEINE KÖRNER

VON RISOTTO BIS POLENTA

Die Italiener mögen ihn am liebsten all'onda – flüssig wie eine Welle. Die Spanier lieben ihn körnig und glänzend. Die Bewohner der Balearen mögen ihn gerne „schmutzig", aber dennoch wohlschmeckend. Und für die Türken ist er ohne die gewisse knusprige Kruste am Pfannenboden nur das halbe Vergnügen. Keine Frage: Dem Reis kann in den Mittelmeerländern kaum eine andere Getreidesorte Konkurrenz machen. Außer der Polenta und dem Couscous vielleicht, um die es in diesem Kapitel daher auch geht.

RISOTTO (GRUNDREZEPT)

ZUTATEN

320–400 g Risottoreis

250 ml Weißwein oder Prosecco

ca. 1 l Geflügelfond, heiß

1 Zwiebel

Meersalz aus der Mühle

weißer Pfeffer aus der Mühle

Olivenöl

ca. 70 g Butter

ca. 70 g Parmesan, frisch gerieben

ZUBEREITUNG

◆ Die Zwiebel feinwürfelig schneiden und in etwas Olivenöl in einem größeren Topf glasig dünsten (2).

◆ Den Reis einrühren, ganz kurz anlaufen lassen (3) und mit Weißwein ablöschen (4). Bei starker Hitze kurz und kräftig einkochen lassen.

◆ Dann unter stetigem Rühren den heißen Fond nach und nach zugießen. Dabei immer nur so viel zugießen, dass der Reis gerade bedeckt bleibt (5).

• Mit Salz und Pfeffer würzen und unter ständigem Rühren bei mittlerer Hitze 18–20 Minuten „al dente" garen. Den Topf von der Kochstelle nehmen, den frisch geriebenen Parmesan einrühren (6) und mit der Butter montieren (sämig rühren).

GARZEIT: CA. 20 Minuten

TIPPS:

• Die Menge der zum Schluss eingerührten Butter hängt ganz vom persönlichen Geschmack ab. Es gibt Risottoliebhaber, die das Einrühren der Butter gänzlich ablehnen, die Italiener aber schätzen die durch die Butter hervorgerufene mollig-cremige Konsistenz ihres Risottos überaus.

• Zur leichteren Vorbereitung von Risottogerichten können Sie den Garprozess auch nach ca. 10 Minuten abbrechen und den Risotto dann bei Bedarf à la minute fertig kochen. Sie müssen dazu den Reis aber schnell abkühlen, damit er nicht nachgart. Am besten auf einer kühlen Steinplatte oder einem kühlen Backblech verteilen und abkühlen lassen.

SO GELINGT IHR RISOTTO AUF JEDEN FALL

• Verwenden Sie eine große, tiefe Pfanne, damit die Flüssigkeit darin langsam und allmählich verdampfen kann.

• Lassen Sie die Zwiebeln, bevor Sie den Reis hinzufügen, glasig anschwitzen, aber niemals zu braun werden.

• Verwenden Sie nur Original-Risottoreis. Ob Sie sich für den körnigeren und weniger cremigen Vialone nano aus dem Veneto, für den verlässlichen Arborio aus dem Piemont oder für den vielseitigen lombardischen Carnaroli entscheiden, ist letztlich Geschmackssache.

• Waschen Sie den Reis nicht vor der Verwendung, denn dadurch geht jene wertvolle Stärke verloren, die dem Risotto seine Cremigkeit verleiht

• Gießen Sie die Flüssigkeit stets in heißem Zustand zum Reis, da dieser sonst durch die ständigen Temperaturschwankungen seine Struktur nicht bewahren kann.

• Mengen Sie die Flüssigkeit öfter, aber dafür in kleinen Mengen ein und versuchen Sie, den Risotto durch stetiges Rühren in Bewegung zu halten.

• Lassen Sie sich Zeit! Ungeduld ist der größte Feind des Risottos.

• Halten Sie die Flamme (Hitze) auf keinen Fall zu hoch, aber auch nicht zu niedrig. Ideal ist eine möglichst gleichmäßige mittlere Temperatur.

• Nehmen Sie den Reis unbedingt von der Kochstelle, bevor er vollständig gegart ist – durch die eigene Hitze gart er noch etwas weiter.

• Achten Sie darauf, dass der Risotto beim Servieren cremig ist, die Reiskörner aber noch einzeln deutlich erkennbar bleiben. So sind sie außen weich, haben aber innen den für einen klassischen Risotto typischen harten weißlichen Kern. Die cremige Textur erreichen Sie durch Einrühren von Butter und Parmesan am Ende des Garvorganges.

RISOTTO GIALLO (KÜRBISRISOTTO)

Veneto/Friaul

ZUTATEN

ca. 1 l Gemüsefond, heiß
320–400 g Risottoreis
80 g Butter, kalt
3 EL Olivenöl
1 große Zwiebel
1 gelbe Paprikaschote
200 g Kürbisfleisch
$\frac{1}{2}$ TL Safran
50 g Parmesan, frisch gerieben
Meersalz aus der Mühle
Pfeffer aus der Mühle

ZUBEREITUNG

◆ Die Zwiebel feinwürfelig, das Kürbisfleisch kleinwürfelig schneiden. Die Paprikaschote entstielen, entkernen und in Würfel schneiden.

◆ Das Olivenöl in einem Topf erhitzen. Zwiebel, Paprika und Kürbis darin, ohne Farbe nehmen zu lassen, anschwitzen. Dann den Reis dazugeben und kurz mitdünsten. Mit etwas heißem Fond aufgießen und unter ständigem Rühren den restlichen Fond nach und nach zugießen, bis der Risotto schön cremig ist.

◆ Nach etwa 10 Minuten den Safran einrühren. Abschließend mit Salz und Pfeffer abschmecken und die kalte Butter sowie den Parmesan einrühren.

GARZEIT: 18–20 Minuten

RISOTTO NERO (TINTENFISCHRISOTTO)

Venedig

ZUTATEN

750 g Tintenfische mit Tintenbeuteln

320–400 g Risottoreis

ca. 750 ml Fischfond

2 Knoblauchzehen

8 EL Olivenöl

1 Zwiebel

Saft von 1 Zitrone

250 ml Weißwein (am besten Pinot grigio)

1 Bund Petersilie, gehackt

Salz aus der Mühle

Pfeffer aus der Mühle

GARZEIT: 38–40 Minuten

◆ Wenn Sie für dieses Rezept statt Reis Rollgerste (orzo) verwenden, so ergibt das einen **Orzotto**, der etwas deftiger, aber aus ernährungsphysiologischer Sicht auch gesünder als jeder Risotto ist.

ZUBEREITUNG

◆ Die Tintenfische säubern, die Tintenbeutel entfernen und die Tinte aufheben. Tintenfische in Streifen schneiden. Den Knoblauch in feine Scheiben schneiden und mit 3 EL Olivenöl und Zitronensaft vermischen. Die Tintenfische damit marinieren und mindestens 20 Minuten ziehen lassen.

◆ Die Zwiebel fein hacken und in dem restlichen Olivenöl hell andünsten. Tintenfische abtropfen lassen, zugeben und anbraten. Marinade, Weißwein sowie Tinte zugießen und 20 Minuten köcheln lassen.

◆ Den Reis zugeben und kurz durchmischen.

◆ Mit etwas heißem Fond aufgießen und unter ständigem Rühren den restlichen Fond nach und nach zugießen, bis der Risotto schön cremig ist. Mit Salz und Pfeffer abschmecken und abschließend mit Petersilie bestreuen.

TIPP: Noch einfacher ist es, bereits geputzte Tintenfische zu kaufen und statt der Tintenbeutel die im Fachhandel erhältlichen Briefchen mit Tintenfischtinte zu verwenden.

Die mediterrane Küche

WIE DER REIS NACH ITALIEN KAM

Während man über die Frage, ob die Nudeln aus China oder doch aus Italien stammen, bis heute trefflich streiten kann, so ist die Faktenlage beim Reis ganz klar: Er kommt ganz eindeutig aus Südchina, wo er bereits seit rund 7000 Jahren kultiviert wird. Auch die Griechen und Römer kannten den Reis, aßen ihn aber nicht. Das älteste italienische Reisgericht wird erst in einer venezianischen Handschrift des 14. Jahrhunderts erwähnt und ist eine Art von süßem Risotto mit Mandelmilch.

Nach Venedig ist der Reis jedoch keineswegs in der Direttissima über Konstantinopel, Griechenland und die Adria gelangt, sondern hat vielmehr einen Umweg über Spanien genommen. Erst Aragonesen, die das Reisessen von den Mauren lernten, brachten den Reis als Kochzutat nach Italien, wo er seit 1475 auch angebaut wurde.

RISOTTO ROSSO (ROTWEINRISOTTO)

Toskana

ZUTATEN

ca. 1 l Gemüsefond, heiß

320–400 g Risottoreis

80 g Butter

1 EL Olivenöl

2 rote Zwiebeln

4 Rote Rüben

2 Karotten

150 ml Rotwein

1 EL Sauerrahm

Kümmel, gemahlen

Meersalz aus der Mühle

Pfeffer aus der Mühle

ZUBEREITUNG

◆ Die Zwiebeln fein hacken, die Karotten fein raspeln und die rohen Roten Rüben in feine Streifen schneiden oder raspeln.

◆ Butter und Olivenöl in einem Topf erhitzen. Zwiebeln, Rote Rüben und Karotten darin hell anschwitzen. Den Reis dazugeben und kurz mitdünsten. Mit Rotwein ablöschen und unter langsamer Zugabe des Fonds cremig einkochen. Dabei ständig umrühren. Abschließend mit Salz, Pfeffer und etwas Kümmel abschmecken.

◆ Vor dem Servieren den Sauerrahm einrühren.

GARZEIT: 18–20 Minuten

SPARGELRISOTTO

Emilia-Romagna

ZUTATEN

320–400 g Risottoreis
je ¹/₂ Bund grüner und weißer Spargel
ca. 750 ml Gemüsefond
4 Schalotten
80 g Butter, kalt
100 ml Weißwein
50 g Parmesan, frisch gerieben
Olivenöl
Meersalz aus der Mühle
Pfeffer aus der Mühle

ZUBEREITUNG

◆ Den Spargel schälen, holzige Teile entfernen und die Stangen in feine Scheiben schneiden. Die Spitzen dabei ganz lassen und extra in etwas Salzwasser bissfest kochen. In Eiswasser abschrecken und beiseite legen.
◆ Die Schalotten in Würfel schneiden und in etwas Olivenöl anschwitzen. Den geschnittenen Spargel sowie den Reis dazugeben und mit Weißwein ablöschen. Nun nach und nach unter ständigem Rühren mit dem Fond aufgießen, bis der Risotto cremig und al dente gedünstet ist.
◆ Die Hälfte der Butter und den frisch geriebenen Parmesan einrühren. Mit Meersalz und etwas Pfeffer abschmecken.
◆ Die gekochten Spargelspitzen in der restlichen Butter schwenken und den Risotto damit garnieren.

GARZEIT: 18–20 Minuten

BIRNEN-GORGONZOLA-RISOTTO

Italien

ZUTATEN

320–400 g Risottoreis

2 Schalotten

2 Birnen

700 ml Geflügelfond (oder 500 ml Geflügelfond und
200 ml Birnensaft), heiß

100 ml Prosecco

80 g Butter, kalt

20 g Parmesan, frisch gerieben

150 g Gorgonzola

Olivenöl

Meersalz aus der Mühle

Pfeffer aus der Mühle

ZUBEREITUNG

◆ Die Schalotten feinwürfelig schneiden und in Olivenöl anschwitzen. Den Risottoreis zugeben, glasig andünsten und mit Prosecco ablöschen. Dann unter ständigem Rühren nach und nach den heißen Fond zugießen, bis der Risotto schön cremig gegart ist.

◆ Die Birnen schälen, entkernen und in feine Würfel schneiden. Nach etwa 12 Minuten die Birnenwürfel zugeben. Abschließend die Butter, den frisch geriebenen Parmesan sowie den zerbröckelten Gorgonzola einrühren. Mit Meersalz und Pfeffer abschmecken.

GARZEIT: 18–20 Minuten

TIPP: Sollten Sie dickflüssigen Birnennektar verwenden, so reduzieren Sie die Menge um 100 ml und mischen dafür 600 ml Geflügelfond dazu, da der Risotto sonst zu süß schmeckt.

PILAW „TOPKAPI"

Türkei

ZUTATEN

320–400 g Langkornreis (Basmati)

ca. 700 ml Geflügelfond

60 g Butter

1 Bund Frühlingszwiebeln

75 g Mandeln, geschält

35 g Pinienkerne

100 g Korinthen (kleine Rosinen)

½ TL Zimt, gemahlen

einige Safranfäden

Petersilie, grob gehackt

Meersalz aus der Mühle

Olivenöl

ZUBEREITUNG

◆ Die Frühlingszwiebeln hacken, die geschälten Mandeln stiftelig schneiden. Die Pinienkerne, Frühlingszwiebeln und Mandeln in Butter anschwitzen. Den Reis dazugeben und mit dem Fond auffüllen.

◆ Korinthen, Safran und Zimt zugeben und zugedeckt so lange garen, bis die Flüssigkeit verkocht ist. Ist der Pilaw fertig, mit grob geschnittener Petersilie, Meersalz und Olivenöl abschmecken.

GARZEIT: 18–20 Minuten

TIPP: Am authentischsten schmeckt Pilaw, wenn er im Backofen gegart wird. Nur so bildet sich nämlich die typische Kruste am Boden des Topfes, ohne dass der Reis anbrennt.

FARROTTO (DINKELRISOTTO)

Toskana

ZUTATEN

320–400 g Farro (Dinkel)

2 Schalotten

100 g Eierschwammerln

2 kleine Tomaten

200 ml Tomatensauce (s. S. 48)

100 ml Weißwein

300 ml Gemüsefond, heiß

ca. 1 EL Butter

Parmesan, frisch gerieben

Petersilie

Olivenöl

Meersalz aus der Mühle

Pfeffer aus der Mühle

TIPP: Statt der Eierschwammerln kann freilich auch jedes andere Gemüse, etwa Zucchini oder Paprikaschoten, verwendet werden.

ZUBEREITUNG

◆ Den Farro über Nacht in Wasser einweichen, am nächsten Tag abgießen.

◆ Die Schalotten feinwürfelig schneiden und in etwas Olivenöl glasig anschwitzen. Farro dazugeben und mit Weißwein aufgießen. Unter kräftigem Rühren nach und nach den Gemüsefond sowie die Tomatensauce zugießen und den Farro etwa 7–10 Minuten al dente dünsten. Abschließend etwa 1 Esslöffel Butter, etwas Olivenöl und frisch geriebenen Parmesan einrühren.

◆ Währenddessen die Eierschwammerln putzen, in Scheiben schneiden und in etwas Butter anbraten.

◆ Die Tomaten überbrühen, Haut abziehen, entkernen und in Würfel schneiden. Die gebratenen Eierschwammerln gemeinsam mit der grob geschnittenen Petersilie und den Tomatenwürfeln dazugeben und mit Meersalz und Pfeffer abschmecken.

GARZEIT: ca. 7–10 Minuten

APFELRISOTTO MIT GEBRATENER GÄNSELEBER

Gourmet-Variante

ZUTATEN

320–400 g Risottoreis

4 Scheiben Gänseleber

2 Schalotten

1 Apfel

100 ml Apfelsaft, ungesüßt

ca. 500 ml Geflügelfond, heiß

100 ml Prosecco

100 ml Kalbsjus (auch im Delikatessenhandel erhältlich)

80 g Butter

50 g Parmesan, frisch gerieben

Olivenöl

Butter zum Anbraten

Meersalz und Pfeffer aus der Mühle

Muskatnuss

GARZEIT: Risotto 18–20 Minuten, Gänseleber wenige Minuten

ZUBEREITUNG

◆ Die Schalotten feinwürfelig schneiden und in Olivenöl anschwitzen. Den Reis zugeben, glasig andünsten und mit Apfelsaft sowie Prosecco ablöschen. Unter ständigem Rühren nun den heißen Fond nach und nach zugießen und den Risotto schön cremig und al dente dünsten.

◆ Den Apfel schälen, entkernen und in feine Würfel schneiden. Nach etwa 12 Minuten die Apfelwürfel zugeben. Abschließend die Butter und den Parmesan einrühren. Mit Meersalz und etwas Muskatnuss abschmecken.

◆ Währenddessen die Gänseleber mit Salz und Pfeffer würzen und in wenig Butter auf beiden Seiten kurz braten.

◆ Den Risotto auf 4 Teller verteilen, die Gänseleber darauf anrichten und mit erwärmtem Kalbsjus überziehen.

TIPP: Steht Ihnen nur dickflüssigerer Apfelnektar zur Verfügung, so sollten Sie die Menge auf 50 ml reduzieren, da der Risotto sonst zu süß gerät.

ZITRONENRISOTTO MIT GAMBERINI

Ischia

ZUTATEN

320–400 g Risottoreis

ca. 750 ml Gemüse- oder Geflügelfond, heiß

200 g Gamberini (kleine, ausgelöste Krabben)

1 Zwiebel, 2 Tomaten

100 ml Weißwein

1 unbehandelte Zitrone

80 g Parmesan, frisch gerieben

80 g Butter

Petersilie, gehackt

Olivenöl

Meersalz und Pfeffer aus der Mühle

Pfeffer aus der Mühle

TIPP: Stehen keine Gamberini zur Verfügung, so harmoniert stattdessen auch fein gehackte Rucola sehr gut mit dem Zitronenaroma, wobei man in diesem Fall die Petersilie weglässt.

ZUBEREITUNG

◆ Die Tomaten kurz überbrühen, enthäuten, entkernen und in kleine Würfel schneiden. Die Zwiebel feinwürfelig schneiden und in Olivenöl hell anschwitzen. Reis dazugeben und kurz mitanschwitzen. Mit Weißwein ablöschen und etwas heißen Fond zugießen. Nun die Hitze reduzieren, unter ständigem Rühren den Fond nach und nach zugießen und den Risotto schön cremig dünsten.

◆ In der Zwischenzeit mit einem Zestenreißer die Schale von der Zitrone schälen, die Schalen kurz überbrühen und in den Risotto einrühren. Die Zitrone auspressen.

◆ Kurz vor Ende der Garzeit Gamberini, Butter und Zitronensaft einmengen und noch etwas weiterköcheln lassen. Mit Salz und Pfeffer abschmecken. Abschließend Tomatenwürfel, gehackte Petersilie und frisch geriebenen Parmesan einrühren.

GARZEIT: 18–20 Minuten

SAFRANRISOTTO MIT MEERESFRÜCHTEN

Lombardei

ZUTATEN

320–400 g Risottoreis

250 g Meeresfrüchte (z. B. ausgelöste Muscheln, Scampi, aber auch Angler oder andere festfleischige Meeresfische)

1 Zwiebel

80 g Butter, kalt

ca. 1 l Fischfond, heiß

100 ml Weißwein

5 cl Noilly-Prat (oder anderer trockener Wermut)

2 g Safranfäden

50 g Parmesan, frisch gerieben

Olivenöl

Meersalz und Pfeffer aus der Mühle

GARZEIT: Risotto 18–20 Minuten, Meeresfrüchte je nach Art einige Minuten

ZUBEREITUNG

◆ Die Zwiebel in feine Würfel schneiden und in wenig Olivenöl anschwitzen. Den Reis zugeben und kurz mitdünsten. Mit Weißwein und Noilly-Prat ablöschen. Nun den heißen Fond unter ständigem Rühren langsam zugießen, Safran zugeben und den Risotto bei schwacher Hitze al dente dünsten.

◆ Währenddessen die sauber geputzten Meeresfrüchte und Fischstückchen mit Salz und Pfeffer würzen und in wenig Olivenöl kurz braten, sodass sie zwar gar, innen aber noch saftig sind.

◆ Die kalte Butter in den Risotto einmengen. Abschließend die Meeresfrüchte und den frisch geriebenen Parmesan unterrühren, nochmals mit Salz und Pfeffer abschmecken und auftragen.

PAELLA

Spanien

ZUTATEN

320 g Paella- oder Risottoreis (am besten eignet sich die
　　Sorte Carnaroli)

ca. 1 l Fischfond, heiß

12 Langostinos oder Scampi

8 kleine Hühnerflügel

100 g Garnelenschwänze (nach Belieben ohne Schale)

400 g Miesmuscheln, geputzt

150 g Tintenfische, geputzt und geschnitten

2 Paprikaschoten, nach Belieben rot, gelb oder grün

1 Knoblauchzehe für den Reis

1 Knoblauchzehe für die Langostinos

1 Bund Petersilie

150 g Erbsen (auch tiefgekühlt möglich)

2 Tomaten, geschält, entkernt und in kleine Würfel
　　geschnitten

100 ml Weißwein

$\frac{1}{2}$ TL Safran

Salz und Pfeffer aus der Mühle

Olivenöl

ZUBEREITUNG

• In einer Paellapfanne oder einer großen, tiefen Pfanne mit höherem Rand etwas Olivenöl erhitzen und nacheinander Hühnerflügel, Tintenfischringe, Muscheln sowie die Garnelenschwänze rundum anbraten und wieder herausnehmen (2 und 3).

• Paprikaschoten entstielen, entkernen und in mundgerechte Stücke schneiden.

• Knoblauchzehe und Petersilie hacken, alles im verbliebenen Bratfett andünsten (4). Hühnerflügel und Tintenfische zugeben und mit dem erwärmten Fischfond aufgießen. Aufkochen lassen. Dann den Reis einstreuen und Safran beifügen. Salzen und in der nicht zugedeckten Pfanne bei kleiner Hitze etwa 20 Minuten köcheln lassen, bis der Reis al dente ist. Ab und zu umrühren, bei Bedarf noch etwas Fischfond nachgießen, damit die Paella schön feucht bleibt. (Sie sollte keinesfalls zu trocken geraten!)

• Etwa 10 Minuten vor Ende der Garzeit die Muscheln, Garnelenschwänze, Tomatenwürfel und Erbsen dazugeben (5 und 6). Mit frisch gemahlenem Salz und Pfeffer abschmecken.

• Die Langostinos gemeinsam mit einer Knoblauchzehe separat in heißem Olivenöl 3–4 Minuten anbraten. Mit Weißwein ablöschen. Die fertig gebratenen Langostinos dekorativ auf der Paella anrichten und diese in der Pfanne auftragen.

GARZEIT: Paella ca. 25 Minuten, Langostinos 3–4 Minuten

TIPP: Zum wahren feinschmeckerischen Erlebnis wird die Paella, wenn Sie die Langostinos durch zwei dekorative Hummer ersetzen.

POLENTA (GRUNDREZEPT)

ZUTATEN

ca. 1 l Wasser, lauwarm
1 ½ TL Salz
250 g Polenta (Maisgrieß)
Butter zum Ausstreichen

TIPP: Gerade bei Polenta, aber auch bei vielen anderen Gerichten auf Getreide- und Reisbasis, ist es besonders wichtig, dass die Hitze sofort reduziert wird, sobald das Gericht das ganze Wasser aufgenommen hat. Damit sich die Masse nicht am Pfannenboden anlegt, sollte die Temperaturregelung daher möglichst ohne Zeitverzögerung durchgeführt werden. Besonders fein schmeckt Polenta, wenn sie nach dem Backen noch zusätzlich in heißem Olivenöl knusprig gebraten wird. Dabei verleihen mitgebratene Kräuter, wie etwa Thymian, Rosmarin oder Salbei, der Polenta echtes mediterranes Aroma.

ZUBEREITUNG

◆ Eine feuerfeste Form mit Butter ausstreichen und beiseite stellen.

◆ In einem Topf etwa 600 ml Wasser zum Kochen bringen und das Salz zugeben. Die Polenta mit dem restlichen Wasser verquirlen und in das kochende Wasser gießen. Hitze reduzieren und mit einem Schneebesen rühren, bis die Masse andickt. Weitere 10 Minuten auf kleiner Flamme unter ständigem Rühren kochen, bis die Masse sehr dickflüssig geworden ist.

◆ Nun die Polentamasse in die gebutterte Form streichen und im auf 180 °C vorgeheizten Backrohr 15 Minuten backen. Herausnehmen, stürzen und in Scheiben schneiden.

BACKROHRTEMPERATUR: 180 °C
GARZEIT: ca. 12 Minuten köcheln, 15 Minuten backen

GEBACKENE ROSMARINPOLENTA

Ligurien

ZUTATEN

250 g Polenta (Maisgrieß)
500 ml Milch
500 ml Wasser
100 g Butterflocken
80 g Parmesan, frisch gerieben
1 Rosmarinzweig, gehackt
Meersalz aus der Mühle
Pfeffer aus der Mühle
Muskatnuss

TIPP: Servieren Sie die Polenta zur Abwechslung einmal nicht nur als passende Beilage zu Fleischgerichten, sondern in Begleitung von aromatischem Steinpilzragout als schmackhafte vegetarische Hauptspeise.

ZUBEREITUNG

◆ In einer Kasserolle Wasser und Milch aufkochen. Die Polenta langsam einfließen lassen und die Hitze reduzieren. Unter ständigem Rühren (die Polenta legt sich sonst rasch an) ca. 10 Minuten köcheln lassen.

◆ Die Butter und den geriebenen Parmesan einrühren. Mit Meersalz, Pfeffer, Muskatnuss und dem gehackten Rosmarin abschmecken.

◆ Ein Backblech mit Backpapier auslegen und die Polentamasse gleichmäßig ca. 2 cm dick aufstreichen. Über Nacht kalt stellen.

◆ Die Polenta in beliebige Formen, etwa Rauten oder Kreise, schneiden und in einer Teflonpfanne, am besten ohne Fett, auf beiden Seiten knusprig braten.

GARZEIT: ca. 10 Minuten

GERÜHRTE POLENTA

Italien

ZUTATEN

250 g Polenta (Maisgrieß)

500 ml Wasser

500 ml Schlagobers

je 1 Zweig Rosmarin und Thymian

1 Knoblauchzehe, zerdrückt

1 Lorbeerblatt

1 TL Salz

50 g Parmesan, frisch gerieben

4 EL Olivenöl, kalt gepresst

ZUBEREITUNG

◆ In einem breiten Topf mit möglichst dickem Boden das Wasser mit Schlagobers und Salz aufkochen. Die fein gehackten Kräuter, Knoblauch und Lorbeerblatt zugeben. Unter ständigem Rühren die Polenta einfließen lassen und aufkochen. Die Hitze reduzieren und zugedeckt etwa 10 Minuten leicht köcheln lassen.

◆ Währenddessen wiederholt umrühren. Dann vom Feuer nehmen und für weitere 15 Minuten ziehen lassen. Das Lorbeerblatt entfernen, den frisch geriebenen Parmesan sowie das Olivenöl einrühren und servieren.

GARZEIT: ca. 10 Minuten köcheln, 15 Minuten ziehen lassen

MEDITERRANE SUPPEN

VON GAZPACHO
BIS ZUPPA PAVESE

Mediterrane Suppen sind mit den Suppen des Nordens nur schwer vergleichbar. Da Rind- und Knochensuppen in heißen Gegenden schnell sauer werden, kann man sie nämlich nicht lange am Herd stehen lassen. Fleisch- und Knochensuppen sind daher im Süden zumeist Wintergerichte. Im Sommer zieht man hingegen aus verständlichen Gründen kalte und geeiste Suppen oder leichte Gemüsesuppen vor. Das ganze Jahr lang Saison haben hingegen die klassischen Fischsuppen. Doch diese werden kaum jemals als Vorspeisen gereicht, sondern sind beliebte Hauptgerichte.

GAZPACHO (KALTE GEMÜSESUPPE)

Sevilla

ZUTATEN

500 g Tomaten, vollreif

1 Salatgurke

1 rote Paprikaschote

3 Knoblauchzehen, gehackt

200 ml Tomatensaft

2 Scheiben Weißbrot

125 ml Olivenöl

Tabascosauce

Sherryessig

Meersalz aus der Mühle

Pfeffer aus der Mühle

ZUBEREITUNG

◆ Die Tomaten kurz überbrühen, enthäuten, vierteln und entkernen. Gurke und Paprikaschote schälen, entkernen und klein schneiden. Tomaten, Gurken und Paprikaschoten gemeinsam mit Knoblauch, Tomatensaft, Weißbrot, Olivenöl und Meersalz abgedeckt eine Nacht marinieren.

◆ Am nächsten Tag alles kräftig mixen und durch ein grobes Spitzsieb passieren. Je nach Geschmack mehr oder weniger intensiv mit Tabascosauce, Sherryessig, frisch gemahlenem Meersalz und Pfeffer würzen.

◆ Vor dem Servieren noch einige Zeit kalt stellen.

TIPP: Zur echten Gourmetsuppe wird diese erfrischende Delikatesse, wenn man gebratene Gambas oder Crevetten als Einlage serviert. Allerdings setzt auch klein geschnittenes, knackiges Gazpachogemüse durchaus erfreuliche Geschmacksakzente.

GEEISTE JOGHURTSUPPE MIT GURKEN

Türkei

ZUTATEN

400 g Joghurt

1 Salatgurke

2 Knoblauchzehen

300 ml Gemüsefond

Minze, in Streifen geschnitten

Meersalz aus der Mühle

Pfeffer aus der Mühle

Zitronensaft

ZUBEREITUNG

◆ Die Gurke schälen, der Länge nach halbieren und entkernen.

◆ Eine Gurkenhälfte mit Joghurt, etwas Zitronensaft und dem Gemüsefond mixen und durch ein grobes Sieb passieren.

◆ Die andere Hälfte der Gurke in feine Würfel schneiden, leicht einsalzen und kalt stellen. Die Suppe mit frisch gemahlenem Meersalz und Pfeffer aus der Mühle abschmecken und gut durchkühlen.

◆ Die Knoblauchzehen fein hacken, die Gurkenwürfel abtropfen lassen und gemeinsam in die Suppe geben. Die Suppe in gekühlten Tassen anrichten und mit geschnittener Minze dekorieren.

BEILAGENEMPFEHLUNG: frisches, knuspriges türkisches Fladenbrot

ERBSENVELOUTÉ MIT ROMANASALAT

Südfrankreich

ZUTATEN

200 g ausgelöste Erbsen

300 ml Geflügelfond

2 Frühlingszwiebeln

400 ml Schlagobers

Butter

1 Romanasalat (Römischer oder Kochsalat)

Meersalz aus der Mühle

Muskatnuss, gerieben

ZUBEREITUNG

◆ Die Frühlingszwiebeln klein schneiden und gemeinsam mit den Erbsen in etwas Butter anschwitzen. Mit dem Geflügelfond aufgießen und so lange kochen, bis die Erbsen weich sind.

◆ Mit einem Stabmixer pürieren und durch ein Sieb passieren.

◆ Die äußeren Blätter des Romanasalates entfernen und das Salatherz in feine Streifen schneiden. Den Salat in die Erbsensuppe geben und aufkochen lassen.

◆ Schlagobers ganz leicht aufschlagen, zugeben und noch einmal kurz aufkochen lassen. Vor dem Servieren mit Meersalz und Muskatnuss abschmecken.

GARZEIT: ca. 10 Minuten

TOMATENSUPPE MIT PECORINO UND BASILIKUM

Umbrien

ZUTATEN

3 Dosen Pelati (geschälte Tomaten)

2 Zwiebeln

2 TL brauner Zucker

1 Bund Basilikum, getrennt in Stiele und Blätter

200 ml Schlagobers

200 ml Gemüsefond

8 Scheiben Pecorino, hauchdünn geschnitten (ersatzweise junger Parmesan)

2 Tomaten

Meersalz aus der Mühle

Pfeffer aus der Mühle

Olivenöl

ZUBEREITUNGSZEIT: ca. 1 Stunde

ZUBEREITUNG

◆ Die Zwiebeln in Würfel schneiden und in etwas Olivenöl anschwitzen. Den braunen Zucker zugeben und karamellisieren lassen. Die Pelati mit den Basilikumstielen einmengen, mit Gemüsefond aufgießen und bei kleiner Hitze ca. 1 Stunde köcheln lassen. Mit Meersalz würzen.

◆ Dann die Suppe in einer „Flotten Lotte" (mit feiner Scheibe) oder durch ein Sieb passieren und wieder zum Kochen bringen. Schlagobers mit einem Schneebesen ganz leicht aufschlagen und in die kochende Suppe mengen. Noch einmal kurz aufwallen lassen, mit Meersalz und Pfeffer abschmecken und in Suppenschalen anrichten.

◆ Die in sehr feine Würfel geschnittenen Tomaten einstreuen, jeweils etwas Pecorino darüber legen und mit Basilikumblättern garnieren. Abschließend noch mit feinstem Olivenöl beträufeln.

WEISSE TOMATENSCHAUMSUPPE

Ligurien

ZUTATEN

1,5 kg vollreife Tomaten, geviertelt

2 EL Olivenöl

1 Knoblauchzehe, geschält

etwas Basilikum

300 ml Schlagobers

Meersalz

Pfeffer aus der Mühle

ZUBEREITUNG

◆ Tomaten, Olivenöl, Knoblauch und Basilikum im Mixer fein pürieren. Ein Küchentuch auf ein Sieb legen oder noch besser über einem Sieb aufhängen. Das Püree hineingeben, Tuch zusammenbinden und mindestens 3 Stunden langsam abtropfen lassen, dabei den Saft auffangen.

◆ Den so entstandenen klaren Tomatenfond mit Schlagobers aufkochen und mit dem Mixer noch einmal aufschäumen.

TIPPS:

◆ Kalorienärmer, aber geschmacklich nicht weniger überzeugend gerät diese Tomatensuppe, wenn man das Obers weglässt und den klaren Tomatenfond kalt serviert.

◆ Der abgetropfte Saft bildet auch die Grundlage für feines Tomatengelee. Dafür vermengt man 8 Blatt aufgelöste Gelatine mit 1 Liter klarem Tomatensaft sowie klein gewürfelten Tomatenstückchen und lässt alles stocken.

FONDUTA (PIEMONTESER KÄSESUPPE)

ZUTATEN

400 g Fontina-Käse (ersatzweise Bergkäse)

250 ml Milch für die Käsemasse

150 ml Milch für die Eiermilch

4 Eidotter

50 g Butter, kalt

Meersalz aus der Mühle

Pfeffer aus der Mühle

GARZEIT: ca. 30 Minuten

ZUBEREITUNG

• Für die Käsemasse die Milch mit dem entrindeten und klein gewürfelten Käse in einem geeigneten Topf über Nacht im Kühlschrank ziehen lassen.

• Am nächsten Tag den Topf in ein Wasserbad stellen und unter ständigem Rühren so lange erhitzen, bis eine sämige Käsemasse entstanden ist.

• Die restlichen 150 ml Milch in einem anderen Topf ebenfalls erwärmen, aber keinesfalls kochen und vorsichtig mit den Dottern versprudeln. Mit Salz und Pfeffer abschmecken.

• Die Eiermilch nach und nach in die Käsesauce einrühren, bis die Käsesuppe cremig und sämig ist. Die Suppe unterdessen ständig rühren, aber stets knapp unter dem Siedepunkt halten! Erst unmittelbar vor dem Servieren die kühlschrankkalte Butter unterrühren.

TIPP: Am feinsten schmeckt die Fonduta im Herbst, wenn man weiße Alba-Trüffeln über die Suppe hobelt. Ansonsten serviert man sie entweder mit Roggenbrotwürfeln oder – wie ein Käsefondue auf einem Rechaud – mit Weißbrotwürfeln und Mixed Pickles von Artischockenböden bis Perlzwiebeln.

ZUPPA PAVESE

Lombardei

ZUTATEN

1 l Rindsuppe

8 Schnitten Weißbrot

2 EL Butter

2 Eier

100 g Parmesan, frisch gerieben

TIPP: Das Originalrezept aus Pavia sieht vor, dass die Eier ganz bleiben müssen und die Suppe so lange gratiniert wird, bis das Eiklar gerade gestockt, die Dotter aber noch flüssig sind.

ZUBEREITUNG

• Die Weißbrotscheiben in heißer Butter beidseitig goldgelb rösten. Den Boden eines Suppentopfs damit belegen.

• Eier gut versprudeln und über die Brotschnitten gießen. Alles mit Parmesan bestreuen und mit heißer Rindsuppe auffüllen.

• Im auf 220 °C vorgeheizten Backofen bei großer Oberhitze etwa 10 Minuten gratinieren und heiß servieren.

BACKOFENTEMPERATUR: 220 °C (Oberhitze)
GARZEIT: ca. 10 Minuten

MARONISUPPE

Frankreich

ZUTATEN

150 g Maroni (Edelkastanien)

1 Zwiebel

100 ml Madeira

300 ml Schlagobers

400 ml Geflügelfond

20 g Butter, eiskalt, zum Montieren

Butter zum Anschwitzen

Meersalz aus der Mühle

Pfeffer aus der Mühle

FÜR DIE GARNITUR NACH BELIEBEN

Käsestangerln aus Blätter- oder Pizzateig

Spießchen mit gebratenen Kalbsnieren- und
    Apfelscheiben etc.

BACKOFENTEMPERATUR: 220 °C

GARZEIT: Maroni ca. 20 Min., Suppe 10–15 Minuten

ZUBEREITUNG

◆ Die Maroni auf der gewölbten Seite mit einem scharfen Messer anritzen und im vorgeheizten Backofen bei ca. 200 °C etwa 20 Minuten braten. Etwas auskühlen lassen, noch warm schälen und zugedeckt warm halten.

◆ Zwiebel in feine Streifen schneiden, in etwas Butter anschwitzen, Maroni dazugeben und mit Madeira ablöschen. Den Geflügelfond zugießen und etwas einkochen lassen.

◆ Danach das Schlagobers dazugießen, nochmals aufkochen und mit Salz und Pfeffer abschmecken. Die eiskalte Butter einrühren, aber nicht mehr kochen lassen. Abschließend mit einem Stabmixer aufmixen.

◆ Die fertige Suppe in Tellern anrichten und mit der vorbereiteten Garnitur auftragen.

TIPP: Zur wahren Delikatesse gerät diese Maronisuppe, wenn Sie statt kalter Butter abschließend ein Stückchen Gänseleber in die Suppe geben und diese dadurch binden.

RIBOLLITA (TOSKANISCHE GEMÜSESUPPE)

ZUTATEN

200 g getrocknete weiße Bohnen (möglichst Cannellini-
   Bohnen)

2 Zwiebeln

1 Knoblauchzehe

1 große Karotte

2 Selleriestangen

1/2 Bund Petersilie

6 EL Olivenöl

1 Zweiglein Rosmarin

450 g Mangold

$\frac{1}{2}$ Wirsing

2 große Kartoffeln

200 g Tomaten (oder 1 Dose Pelati)

altbackenes helles Brot, in dünne Scheiben geschnitten

Salz aus der Mühle

Pfeffer aus der Mühle

Chilipulver

Olivenöl, kalt gepresst, zum Beträufeln

GARZEIT: 2–2 1/2 Stunden

ZUBEREITUNG

◆ Bohnen über Nacht in reichlich Wasser einweichen.

◆ Am nächsten Tag Zwiebeln, Karotte und Sellerie fein würfeln, Knoblauch und Petersilienblätter fein hacken. Zwiebeln in Olivenöl anschwitzen. Knoblauch zugeben und leicht dünsten. Das geschnittene Gemüse, Petersilie und den Rosmarinzweig zugeben. 10 Minuten dünsten.

◆ Die Bohnen abgießen, in den Topf mit dem Gemüse geben und mit 1,5 Liter Wasser und etwas Salz ca. 1 $\frac{1}{2}$ bis 2 Stunden zugedeckt leicht köcheln lassen.

◆ Sobald die Bohnen weich sind, die Hälfte durch ein Sieb passieren und als Püree wieder zurück in den Topf geben.

◆ Den geputzten Mangold grob hacken, den Wirsing (ohne Strunk) grob zerkleinern, Kartoffeln schälen und grobwürfelig schneiden. Die Tomaten überbrühen, enthäuten, vierteln und entkernen.

◆ Alles zu den Bohnen geben und noch etwa 20 Minuten weiterköcheln lassen. Wenn das Gemüse gar ist, die Suppe mit ca. $\frac{1}{2}$ Liter Wasser auffüllen, mit Salz und Chilipulver abschmecken. Nochmals gut durchkochen lassen.

◆ Vor dem Servieren 1 Brotscheibe in jeden Teller legen, Suppe darauf verteilen, mit etwas Olivenöl beträufeln.

MINESTRONE „HIGH END"

Italien

ZUTATEN FÜR 6 PORTIONEN

1 l Hühner- oder Gemüsefond

8 Babyartischocken

1 kleiner Fenchel

1 Süßkartoffel

1 Bund Fingerkarotten (junge, zarte Karotten)

2 Topinambure

2 Navetten (zarte Rüben)

2 Schalotten

1 Knoblauchzehe

2 San-Marzano-Tomaten

1 g Safranfäden

6 kleine Steinpilze

4–6 Wachteleier

Pecorino, hauchdünn geschnitten (ersatzweise junger
    Parmesan)

100 ml kräftiger, trockener Weißwein

Meersalz aus der Mühle

Olivenöl

Essig für das Kochwasser

Steinpilzöl

ZUBEREITUNG

◆ Von den Artischocken die Außenblätter entfernen, die Spitzen der verbliebenen Blätter abschneiden und das Heu entfernen. In Salzwasser ca. 10 Minuten kochen. In Eiswasser abschrecken und in etwa acht Teile schneiden.

◆ Die geputzten Fingerkarotten ebenfalls blanchieren (kurz überbrühen), kalt abschrecken und nach Belieben teilen.

◆ Fenchel, Süßkartoffel, Topinambure, Navetten sowie Schalotten schälen, in Würfel schneiden und in etwas Olivenöl mit dem zerdrückten Knoblauch anschwitzen. Dann den Safran zugeben, mit Weißwein ablöschen und mit Fond aufgießen. Das Gemüse bei mäßiger Hitze 10–15 Minuten weich kochen.

◆ Die Tomaten kurz überbrühen, enthäuten und in kleine Würfel schneiden. Die geputzten Steinpilze fein schneiden.

◆ Die Wachteleier einzeln vorsichtig aufschlagen, in leicht wallendes Essigwasser gleiten lassen und 2–3 Minuten pochieren, bis sie wachsweich sind. Behutsam wieder herausheben und abtropfen lassen.

◆ Die Suppe mit Meersalz abschmecken. Artischocken und Karotten untermengen. Nun die Steinpilze sowie die Tomatenwürfel zugeben, kurz erwärmen und die Suppe in vorgewärmten Tassen anrichten.

◆ Die pochierten Eier vorsichtig hineingeben, den Pecorino darüber legen und mit einigen Tropfen Steinpilzöl beträufeln.

GARZEIT: Artischocken ca. 10 Minuten, Gemüse 10–15 Minuten, Wachteleier 2–3 Minuten

TIPP: Es muss nicht immer diese Luxusvariante sein. Minestrone schmeckt auch mit einfacherem Gemüse und ohne Wachteleier ganz ausgezeichnet. Etwas nahrhafter gerät sie, wenn man beispielsweise Dinkel mitkocht.

JOTA

Triest/Slowenien

ZUTATEN

200 g getrocknete Borlotti-Bohnen (rot gesprenkelt)

500 g Sauerkraut

2 Kartoffeln

100 ml Olivenöl (extra vergine)

3 Knoblauchzehen

40 g Mehl

300 g Frühstücksspeck

2 Lorbeerblätter

1 Prise Kümmelpulver

Salz

Pfeffer

ZUBEREITUNG

◆ Bohnen mit kaltem Wasser bedecken und über Nacht einweichen.

◆ Am nächsten Tag Wasser wechseln und Bohnen darin mindestens 1 Stunde lang kochen.

◆ Geschälte Kartoffeln in Würfel schneiden, zugeben und 20 Minuten weiterköcheln lassen.

◆ Inzwischen in einem anderen Topf die fein gehackten Knoblauchzehen mit Mehl in Öl anrösten, bis eine hellbraune Einbrenn entsteht. Sauerkraut, würfelig geschnittenen Speck, Kümmelpulver und Lorbeerblätter hinzufügen. Alles mit Wasser bedecken, mit Salz sowie Pfeffer würzen und unter gelegentlichem Umrühren so lange kochen, bis die Flüssigkeit nahezu gänzlich verkocht ist.

◆ Das gekochte Sauerkraut unter die Bohnen mischen und mit diesen gemeinsam weitere 20 Minuten kochen. Salzen, pfeffern und über Nacht stehen lassen.

◆ Erst am nächsten Tag wieder aufwärmen und servieren.

GARZEIT: ca. 100 Minuten

TIPP: Ist die Jota zu dickflüssig geraten, so lässt sich ihre Konsistenz durch die Zugabe von etwas Rindsuppe korrigieren.

FISCHFOND

ZUTATEN

1 kg Fischkarkassen und Abschnitte von Meeresfischen aller Art (Vorsicht: Fischköpfe machen den Fond leicht tranig!)

1 Lorbeerblatt

10 Pfefferkörner

1 kleiner Bund Petersilie

300 ml trockener Weißwein

1 Bund Suppengemüse

ca. 6 Champignons

2 Schalotten

ZUBEREITUNG

◆ Gut gewaschene Fischkarkassen, grob gewürfeltes Suppengemüse, halbierte Champignons, Schalotten, Pfefferkörner, Lorbeerblatt und Petersilie in einen Topf geben. Mit Weißwein und Wasser aufgießen, bis alle Zutaten bedeckt sind. Bei kleiner Hitze etwa 30 Minuten köcheln lassen und währenddessen ständig den Schaum abschöpfen.

◆ Abschließend den Fond durch ein mit einem Leinentuch ausgelegtes Haarsieb abseihen.

KOCHZEIT: ca. 30 Minuten

GRIECHISCHE FISCHSUPPE (KAKAVIA)

ZUTATEN FÜR 6 PORTIONEN

1,5 kg Mittelmeerfische (Knurrhahn, Rotbarbe, Drachenkopf
etc.), alles küchenfertig, oder ca. 600 g Fischfilets

ca. 1,5 l Fischfond (s. S. 102) oder Wasser

4 Schalotten

3 Tomaten, 2 Karotten

3 kleine Kartoffeln

2 Knoblauchzehen

1 Lorbeerblatt, 1 Dillezweig, 1 Petersilienzweig

einige Stangensellerieblätter

3 EL Zitronensaft

4 EL Olivenöl

Meersalz aus der Mühle

GARZEIT: Suppe 20–30, Fischfilets 5–10 Minuten

ZUBEREITUNG

◆ Die Schalotten in Ringe schneiden und in Olivenöl glasig anschwitzen. Die Karotten und Kartoffeln in Würfel schneiden und mit dem gehackten Knoblauch zu den Zwiebeln geben. Mit Fischfond oder Wasser aufgießen. Das Lorbeerblatt zugeben und ca. 15 Minuten köcheln lassen.

◆ Währenddessen die Fische schuppen, waschen, filetieren und entgräten. Die Filets in mundgerechte Stücke schneiden, salzen und in den Fond einlegen. Bei schwacher Hitze 5–10 Minuten ziehen lassen.

◆ Inzwischen die Tomaten blanchieren (überbrühen), schälen, entkernen, in Würfel schneiden und in die Suppe geben. Mit Zitronensaft und Meersalz abschmecken. Mit gezupfter Petersilie, Dille und den gehackten Sellerieblättern garnieren.

BRODETTO

Venedig

ZUTATEN

750 g Fische (je nach Saison Dornhai, Seeteufel, Drachenkopf, Gründeln, Tintenfisch, Aal o. ä.), alle küchenfertig

ca. 500 g Krustentiere (Garnelen, Krabben, Meerschnecken,
Heuschreckenkrebse)

1 Zwiebel

2–3 Knoblauchzehen

100 ml trockener Weißwein

1 Dose Pelati (geschälte Tomaten)

1 Bund Petersilie

1 Messerspitze Safranfäden

200 g Weißbrotwürfel, geröstet

4 EL Olivenöl

Salz aus der Mühle

Pfeffer aus der Mühle

GARZEIT: Krustentiere 3–5 Minuten, Fische 6–8 Minuten, Suppe 40–45 Minuten

ZUBEREITUNG

◆ Größere Fische in Stücke schneiden, kleinere ganz lassen. Zwiebel und Knoblauch fein hacken. Öl in einer großen Kasserolle erhitzen, die Zwiebeln darin glasig dünsten, dann Knoblauch kurz Farbe nehmen lassen. Fische zugeben und von allen Seiten anbraten. Salzen, pfeffern, mit Weißwein ablöschen und einkochen lassen. Fische mit Wasser bedecken, etwa 6–8 Minuten garen.

◆ Nach ca. 3 Min. die Krustentiere zugeben und mitgaren.

◆ Die großen Fischstücke sowie die Krustentiere herausheben, sorgfältig auslösen und beiseite stellen.

◆ Kleine Fische, Fischköpfe, Abschnitte und Ähnliches im Sud lassen und gemeinsam mit den Tomaten, der Petersilie sowie den zuvor kurz in lauwarmem Wasser eingeweichten Safranfäden noch etwa 35 Minuten auf mittlerer Flamme weiterköcheln lassen. Durch ein feines Haarsieb mehrmals passieren, mit Salz und Pfeffer abschmecken.

◆ Die weggelegten Fischstücke wieder in die Suppe geben und nochmals kurz erwärmen. In einen vorgewärmten Steinguttopf oder eine Suppenschüssel umfüllen und mit den gerösteten Weißbrotwürfeln servieren.

BOUILLABAISSE (SÜDFRANZÖSISCHE FISCHSUPPE)

Foto rechts

ZUTATEN FÜR 6 PORTIONEN

ca. 1 kg Filets von Meeresfischen (wie Wolfsbarsch, Drachenkopf, Steinbutt, Seeteufel, aber auch Muscheln, Scampi oder Hummer nach Belieben)

1 mittelgroße Zwiebel

2 mittelgroße Kartoffeln

2 Karotten

1/2 Stange Lauch

2 Fleischtomaten

4 EL Olivenöl

250 ml Weißwein

Petersilstängel

Rosmarin, Thymian

Fenchelsamen

2 Lorbeerblätter

Schale von 1 Orange

Cayennepfeffer

einige Safranfäden

Meersalz aus der Mühle

Pfeffer aus der Mühle

geröstete Baguettescheiben

Aïoli und/oder Rouille (siehe unten)

ZUBEREITUNG

• Zuerst das Gemüse vorbereiten. Dafür die Zwiebel in Streifen, die Kartoffeln und Karotten in Würfel schneiden.

• Den Lauch in Scheiben schneiden. Die Tomaten kurz überbrühen, die Haut abziehen, die Kerne entfernen und in Würfel schneiden. Nun die Zwiebeln in Olivenöl anschwitzen. Das vorbereitete Gemüse dazugeben und kurz mitdünsten lassen. Mit Weißwein ablöschen, mit ca. 1 l heißem Wasser aufgießen und ca. 15 Minuten kochen lassen.

• Die entgräteten Fischfilets in mundgerechte Stücke schneiden. Die Muscheln sorgfältig waschen, putzen und den Bart entfernen.

• Den Hummer in mehrere Stücke zerlegen und alles gemeinsam mit den Kräutern, Aromaten und Gewürzen in die Suppe geben. Etwa 10–13 Minuten ziehen lassen.

• Fertige Suppe in einer großen vorgewärmten Suppenschüssel auftragen und dazu knusprige Baguettescheiben, Aïoli und/oder Rouille servieren.

GARZEIT: Suppe ca. 15 Minuten, Fische 10–13 Minuten

AÏOLI (KNOBLAUCHMAYONNAISE)

Südfrankreich

ZUTATEN

5 Knoblauchzehen

2 Eidotter, raumtemperiert

ca. 1 Tasse bestes kalt gepresstes Olivenöl

Zitronensaft

Meersalz aus der Mühle

VERWENDUNG: zu Fischgerichten, Schnecken, Schaltieren sowie als Ergänzung bei Tapas-Buffets oder Hors d'œuvres-Platten.

ZUBEREITUNG

• Die geschälten Knoblauchzehen in einem Mörser gemeinsam mit einer kräftigen Prise Salz zerstoßen oder mit einem Wiegemesser sehr fein hacken.

• In einer Schüssel die Eidotter mit dem Knoblauch gut verschlagen. Nun das Öl vorerst tropfenweise, dann in einem dünnen Strahl zugießen und dabei mit einer Schneerute oder Mixstab ständig schlagen. Stets nur so viel Öl zugießen, dass die Sauce immer wieder bindet.

• Hat die Sauce mayonnaiseartige Konsistenz, mit etwas Zitronensaft und Salz abschmecken. In eine kleine Schüssel umfüllen und servieren.

ROUILLE (SCHARFE KNOBLAUCHMAYONNAISE)

Südfrankreich

ZUTATEN

1 grüne Paprikaschote

1 rote Paprikaschote

2–3 Chilischoten

6 Knoblauchzehen

ca. 250 ml gutes, kalt gepresstes Olivenöl

ca. 2 EL frisches Weißbrot, gerieben

Meersalz aus der Mühle

weißer Pfeffer

VERWENDUNG: klassische Bouillabaisse-Beilage, aber auch als Dip-Sauce für kalte Buffets

ZUBEREITUNG

◆ Paprikaschoten halbieren, Stiele und Kerne entfernen, gut waschen. Chilischoten aufschneiden und entkernen.

◆ In einem Topf etwas Wasser zum Kochen bringen, Paprika und Chili einlegen und etwa 8–12 Minuten weich dünsten. Herausheben und abtropfen lassen.

◆ Geschälte Knoblauchzehen grob zerkleinern und in einer Küchenmaschine mit Paprika und Chili fein mixen. Nun mit der Hand weiterrühren und das Öl langsam einfließen lassen. Dabei rühren, bis die Creme wie eine Mayonnaise zu binden beginnt. So viel Weißbrotbrösel unterrühren, dass die Rouille eine kompakte Konsistenz bekommt. Mit Salz und weißem Pfeffer abschmecken. In ein Saucenkännchen füllen und extra servieren.

KOCHEN
MIT MEERBLICK

DIE BESTEN REZEPTE MIT
FISCHEN UND KRUSTENTIEREN

Branzino, Seewolf oder Loup de Mer? Angler, Coda di Rospo oder Seeteufel? Scampi, Garnelen oder Hummerkrabben? Rascasse, Scarpene oder Drachenkopf? – Das Mittelmeer steckt voller Geheimnisse, die sowohl mit dem Koch- als auch mit dem Wörterbuch gelüftet werden wollen. Sein unerschöpflicher Reichtum an Nahrung ist allerdings durch Überfischung in den letzten Jahrzehnten gefährlich geschrumpft. Fische und Krustentiere – in früheren Jahrhunderten ein echtes Armeleuteessen – wurden also immer mehr zur luxuriösen Delikatesse. Dafür lernten wir die geschmacklichen Qualitäten von Edelfischen und Schaltieren auch wieder mehr zu schätzen. Und mit den richtigen Rezepten lässt sich nicht nur Festesfreude, sondern auch echte Meeresstimmung aufs Festland zaubern.

GRIGLIATA MISTA

Ligurien

ZUTATEN

2 Seezungen

2 Rotbarben

4 Seeteufelmedaillons

8 Garnelen

150 ml Olivenöl

2 Knoblauchzehen, gehackt

1 EL Petersilie, gehackt

Saft von ½ Zitrone

Salz aus der Mühle

weißer Pfeffer

Zitronenspalten zum Garnieren nach Belieben

GARZEIT: Fische ca. 9–11 Minuten, Garnelen ca. 5 Minuten, Medaillons je nach Stärke ca. 6–8 Minuten
BEILAGENEMPFEHLUNG: Polenta

ZUBEREITUNG

◆ Fische schuppen, ausnehmen und säubern. Filets sowie Garnelen abspülen und trocken tupfen. Fische und Garnelen mit etwas Olivenöl einpinseln und 10 Minuten beiseite stellen. Die ganzen Fische mit Salz und Pfeffer würzen, in Olivenöl beidseitig je ca. 1 Minute anbraten, dann auf mittlerer Flamme ca. 7–8 Minuten goldbraun grillen (oder in einer beschichteten Pfanne braten), die Garnelen ca. 5 Minuten grillen. Seeteufelmedaillons ebenfalls mit Salz und Pfeffer würzen, anbraten, wenden und noch weitere 2–3 Minuten ziehen lassen.

◆ Für die Knoblauchsauce den gehackten Knoblauch mit gehackter Petersilie, Zitronensaft, Salz, Pfeffer und dem restlichen Olivenöl vermischen.

◆ Die Grigliata mista auf einer großen, vorgewärmten Platte anrichten, nach Belieben mit Zitronenspalten garnieren und die Sauce in einem extra Kännchen servieren.

FRITTO MISTO DI MARE

Friaul/Julisch Venetien

ZUTATEN

ca. 350 g kleine Tintenfische

4 kleine Rotbarben

500 g frische Sardellen oder kleine Sardinen

ca. 350 g Scampi

2 Knoblauchzehen

2–3 Zitronen, in Spalten geschnitten

Salz

Pflanzenöl zum Frittieren

griffiges Mehl zum Wenden

GARZEIT: wenige Minuten, je nach Größe
BEILAGENEMPFEHLUNG: frische Salate (Rucola, Tomaten, Bohnen etc.)

ZUBEREITUNG

◆ Tintenfische gut zuputzen, Köpfe abschneiden, aber Fangarme mitverwenden. (Bei großen Tintenfischen die Tuben in Streifen schneiden.) Rotbarben schuppen, ausnehmen, Köpfe und Flossen abschneiden. Unter fließendem Wasser abwaschen und abtupfen.

◆ Die Sardinen leicht schuppen und ausnehmen. Alle Flossen außer der Schwanzflosse abschneiden.

◆ Bei den Scampi vorsichtig die Schalen von den Schwänzen ablösen und den Darm entfernen.

◆ Öl mit den geschälten Knoblauchzehen in einem tiefen Topf wirklich gut erhitzen. Knoblauch wieder entfernen. Nun sämtliche Fische und Scampi nacheinander kurz in Mehl wenden, abklopfen und im heißen Öl wenige Minuten knusprig backen. Herausheben, trocken tupfen und warm stellen. Sobald alles frittiert ist, auf einem großen Teller anrichten, leicht salzen und mit Zitronenspalten servieren.

AAL-BOHNEN-EINTOPF

Katalonien

ZUTATEN

ca. 700 g Aal, küchenfertig

200 g weiße Bohnen

5 Knoblauchzehen, gehackt

je 1 rote und gelbe Paprikaschote

1 Zwiebel, fein gehackt

2 Fleischtomaten

1 Lorbeerblatt

2 EL Petersilie, fein gehackt

Olivenöl

Meersalz

GARZEIT: ca. 60 Minuten

ZUBEREITUNG

◆ Die Bohnen über Nacht in Wasser einweichen.

◆ Am nächsten Tag in einem Topf mit kaltem, frischem Wasser gut bedecken und zum Kochen bringen. Lorbeerblatt sowie etwas Meersalz zugeben und etwa 40 Minuten köcheln lassen.

◆ Währenddessen die Tomaten kurz überbrühen, Haut abziehen, entkernen und kleinwürfelig schneiden. Die Paprikaschoten ebenfalls kleinwürfelig schneiden.

◆ Den küchenfertigen Aal waschen, trocken tupfen, in Stücke schneiden und salzen. Dann die Aalstücke zu den Bohnen geben und die Hitze reduzieren, sodass der Fisch pochiert wird, aber nicht mehr kocht.

◆ In der Zwischenzeit Zwiebeln, Knoblauch und Paprika in etwas Olivenöl anschwitzen. Die Tomaten dazugeben, kurz durchschwenken und alles in den Bohneneintopf geben. Nochmals etwas ziehen lassen und vor dem Servieren mit Petersilie bestreuen.

BASKISCHE FISCHPFANNE

Nordspanien

ZUTATEN

8 Seezungenfilets, küchenfertig

250 g Miesmuscheln

8 Scampi (Kaisergranat), küchenfertig

4 EL Olivenöl

1 Zwiebel

2 Knoblauchzehen

1 große Tomate

250 ml trockener Weißwein

Salz und Pfeffer aus der Mühle

Mehl zum Wenden

GARZEIT: jeweils einige Minuten
BEILAGENEMPFEHLUNG: knusprig getoastetes Weißbrot

ZUBEREITUNG

◆ Die Tomate kurz überbrühen, Haut abziehen, entkernen, kleinwürfelig schneiden, Zwiebel und Knoblauch hacken. Seezungenfilets salzen, pfeffern, in Mehl wenden.

◆ In einer Pfanne Olivenöl erhitzen und die Seezungen auf der Hautseite goldbraun braten. Herausheben und bei 70 °C im Backofen warm stellen. Die Scampi in der Pfanne ca. 3 Minuten braten und ebenfalls warm stellen.

◆ Die Zwiebeln in der Pfanne anschwitzen, Knoblauch zugeben und Farbe annehmen lassen. Tomatenwürfel einmengen und kurz mitdünsten lassen.

◆ Die geputzten Miesmuscheln zugeben und zugedeckt 5 Minuten dämpfen. Mit Weißwein aufgießen, kurz aufkochen und auf die Hälfte einkochen lassen.

◆ Die Seezungen und Scampi in die Sauce einlegen und noch 3 Minuten ziehen, aber nicht mehr kochen lassen. Wenn möglich, in der Pfanne auftragen.

BRANZINO IN DER SALZKRUSTE

Italien

ZUTATEN

1 großer Branzino (Wolfsbarsch) mit ca. 2–3 kg, ausge-
   nommen und geschuppt
2 kg grobes Meersalz
1 Stück Fenchel, 1 Selleriestange
2 Knoblauchzehen, gehackt
1 Zweig Zitronenthymian, gezupft und gehackt
2 Lorbeerblätter
1 Eiklar
ca. 1 EL Olivenöl

ZUBEREITUNG

◆ Branzino von den Kiemen befreien und gut auswaschen.

◆ Fenchel und Sellerie in grobe Würfel schneiden und mit gehacktem Knoblauch, Zitronenthymian, Lorbeer-blättern sowie Olivenöl vermischen (1). Mit dieser Masse den Bauch und das Maul des Fisches füllen (2).

◆ Das Meersalz mit dem Eiklar in einer Schüssel gut vermengen (3). Ein Backblech mit Alufolie auslegen und eine dünne Schicht Salzmasse in der Länge des Fisches auftragen (4). Den Fisch darauf setzen (5) und mit dem

restlichen Salz gut „einpacken" (6). Im vorgeheizten Backofen bei 200 °C ca. 30 Minuten backen.

• Den Fisch in der Kruste servieren. Die Salzkruste erst bei Tisch öffnen und den Branzino tranchieren.

BEILAGEN: Ratatouille und/oder Rosmarinkartoffeln

BACKOFENTEMPERATUR: 200 °C
GARZEIT: ca. 30 Minuten

TIPP: Dieses Rezept eignet sich selbstverständlich auch für andere mediterrane Fische wie etwa für die Gold- oder Zahnbrasse.

DRACHENKOPF MIT KORIANDERSAUCE

Gourmet-Variante

ZUTATEN

8 kleine Drachenkopffilets (ca. 700 g), entgrätet
8 Scheiben Serrano-Schinken (oder anderer Rohschinken)
2 Bund Koriander
3 Knoblauchzehen
200 ml Olivenöl
Saft von 1 Zitrone
4 eingelegte Sardellenfilets
Meersalz aus der Mühle
Pfeffer aus der Mühle
Olivenöl zum Anbraten

BACKOFENTEMPERATUR: 170 °C
GARZEIT: ca. 2 Minuten braten, ca. 5 Minuten im Rohr ziehen lassen
BEILAGENEMPFEHLUNG: Kartoffelpüree

ZUBEREITUNG

• Gezupften Koriander, Knoblauch, Olivenöl, Zitronensaft, Sardellenfilets und etwas Meersalz in einem Mixer zu einer homogenen Sauce mixen. Mit frisch gemahlenem Meersalz und Pfeffer würzen.

• Die Fischfilets auf der Hautseite mit einem kleinen, scharfen Messer oder einer Rasierklinge behutsam einritzen und auf dieser Seite in heißem Olivenöl etwa 2 Minuten anbraten, bis die Haut knusprig ist. Die Filets mit der Hautseite nach unten in eine mit Öl ausgestrichene feuerfeste Form legen. Den Serrano-Schinken auf die Filets legen und im auf 170 °C vorgeheizten Backofen ca. 5 Min. ziehen lassen, bis die Filets innen schön glasig sind.

• Koriandersauce auf den vorgewärmten Tellern verteilen und die Fischfilets mit der Hautseite nach oben darauf anrichten. Mit Meersalz und Pfeffer würzen.

ORATA ALL'ACQUA PAZZA
(GOLDBRASSE IN „VERRÜCKTEM WASSER")

Kampanien

ZUTATEN

2 Goldbrassen (je ca. 450 g), küchenfertig

4 Knoblauchzehen, grob gehackt

ca. 24 Cocktailtomaten, geviertelt

1 Bund Basilikum

180 ml Olivenöl, kalt gepresst

1 Chilischote, fein gehackt

etwas Mehl

Meersalz

GARZEIT: ca. 25 Minuten

BEILAGENEMPFEHLUNG: gegrillte Polenta oder Weißbrot

TIPP: Nach diesem Rezept lassen sich freilich auch andere Fische wie Wolfsbarsch, Meeräsche, Rotbarben etc. zubereiten.

ZUBEREITUNG

• Das Olivenöl erhitzen. Goldbrassen beidseitig leicht in Mehl wenden, überschüssiges Mehl abklopfen und Fische in das Öl einlegen. Beidseitig anbraten.

• Dann gehackten Knoblauch, geviertelte Tomaten, die Hälfte des gezupften Basilikums, Chilischote und etwas grobes Meersalz hinzufügen. Alles kurz durchziehen lassen. Mit etwa 400 ml Wasser aufgießen. Aufkochen lassen, die Hitze reduzieren und die Brassen auf kleinster Flamme zugedeckt 20 Minuten ziehen lassen. Dabei nach der Hälfte der Garzeit wenden.

• Fische aus der Pfanne heben und auf eine vorgewärmte Platte setzen. Sauce bei größter Hitze noch einmal auf etwa zwei Drittel einreduzieren, den Rest der gezupften Basilikumblätter untermengen und die Sauce über die Fische gießen.

ROCHEN AUF FENCHELSALAT

Frankreich

Foto rechts

ZUTATEN

ca. 700 g Rochenflügelfilets

2 Knollen Fenchel mit Grün

1 EL Pommerysenf für die Sauce

200 ml Schlagobers

200 ml Riesling (oder anderer Weißwein)

1 Sternanis

50 g Butter

Senf zum Einreiben

Butter zum Anbraten

Olivenöl

Zitronensaft

Meersalz aus der Mühle

Pfeffer aus der Mühle

GARZEIT: 4–6 Minuten

ZUBEREITUNG

• Fenchel schälen und in dünne Streifen schneiden. Mit Meersalz, Pfeffer, Zitronensaft und Olivenöl marinieren.

• Den Rochen mit frisch gemahlenem Meersalz sowie Pfeffer würzen und mit etwas Senf einreiben. In einer Pfanne etwas Butter erhitzen und den Rochen bei kleiner Hitze von beiden Seiten jeweils ca. 2–3 Minuten braten, bis er etwas Farbe nimmt. Herausnehmen und warm stellen.

• Riesling zugießen und mit dem Sternanis auf die Hälfte einkochen lassen. Anis herausnehmen und die Butter einmixen. Schlagobers ganz leicht aufschlagen, einmengen und einmal kurz aufkochen lassen. Die Sauce abschließend mit Pommerysenf abschmecken.

• Den marinierten Fenchel auf Tellern anrichten, die Rochen darauf platzieren und mit der Sauce überziehen.

ROTBARBEN MIT TOMATEN-PAPRIKA-COUSCOUS

Sizilien

ZUTATEN

4 Rotbarben (oder 8 Filets)

400 g feiner Couscous

1 Schalotte

je 1 rote, grüne und gelbe Paprikaschote

2 Tomaten

1 Lorbeerblatt

1 Knoblauchzehe

2 Frühlingszwiebeln, in feine Scheiben geschnitten

Saft von 1 Zitrone

Olivenöl

Butter

Meersalz aus der Mühle

Pfeffer aus der Mühle

GARZEIT: Couscous ca. 20 Min., Rotbarben 4–5 Min.

TIPP: Sie können Couscous selbstverständlich auch nach der Packungsanleitung mit Wasser aufquellen lassen, doch das Garen im Dampf verhindert, dass sich lästige Klümpchen bilden

ZUBEREITUNG

• Zuerst den Couscous zubereiten. Dafür den Dämpfeinsatz eines mit etwas Wasser gefüllten Kartoffeldämpfers mit einem Tuch auslegen. Couscous einfüllen und in dem Tuch über Dampf ca. 20 Minuten garen.

• Paprikaschoten entkernen und würfelig schneiden, Tomaten kurz überbrühen, schälen, entkernen und ebenso würfelig schneiden. Schalotte hacken, Knoblauchzehe mit dem Messerrücken andrücken und mit dem Lorbeerblatt in etwas Olivenöl andünsten. Tomaten und Paprika zugeben und kurz mitdünsten. Lorbeerblatt und den Knoblauch wieder entfernen. Couscous einrühren und mit frisch gemahlenem Salz und Pfeffer abschmecken.

• Währenddessen die geschuppten Rotbarben filetieren, entgräten, mit Salz sowie Pfeffer würzen. Auf der Hautseite in einer Pfanne in heißem Olivenöl etwa 1 Minute anbraten, wenden und auf kleiner Hitze 3–4 Minuten ziehen lassen.

• Den fertigen Couscous in der Mitte der vorgewärmten Teller anrichten und die Filets dekorativ darauf setzen.

• In der Pfanne ein Stück Butter zergehen lassen und die Frühlingszwiebeln kurz anschwitzen, vom Feuer nehmen, Zitronensaft und einen Schuss Olivenöl eingießen und mit Salz abschmecken. Die Sauce über die Rotbarben träufeln.

SARDINEN AUS DEM OFEN

Spanien

ZUTATEN

800 g Sardinen, küchenfertig
100 ml Olivenöl
3 Knoblauchzehen
2 EL Petersilie, gehackt
Saft von 1 Zitrone
125 ml Weißwein
3 EL Semmelbrösel
Salz aus der Mühle
Pfeffer aus der Mühle

ZUBEREITUNG

◆ Die küchenfertigen Sardinen innen und außen mit Salz sowie Pfeffer einreiben.

◆ Eine feuerfeste Form mit etwas Olivenöl ausstreichen und die Sardinen nebeneinander einlegen. Fein gehackten Knoblauch und Petersilie darüber streuen, mit Zitronensaft, Weißwein und dem restlichen Olivenöl begießen. Semmelbrösel darüber streuen und im vorgeheizten Backofen bei 175 °C ca. 20 Minuten braten.

◆ Sardinen in der Form servieren.

BACKOFENTEMPERATUR: 175 °C
GAZEIT: ca. 20 Minuten

SEETEUFEL AUF GRÜNEN BOHNEN

Venetien

Foto rechts

ZUTATEN

ca. 700 g Seeteufelfilets

600 g zarte grüne Bohnen (am besten Keniabohnen)

180 ml Olivenöl

30 g Butter

ca. 5 cl Zitronensaft

1 Knoblauchzehe, zerdrückt

3 EL Petersilie, gehackt

Salz aus der Mühle

Pfeffer aus der Mühle

BACKOFENTEMPERATUR: 200 °C
GARZEIT: Seeteufel 8–10 Minuten, Bohnen ca. 7 Minuten

ZUBEREITUNG

• Seeteufelfilets mit Salz und Pfeffer würzen. In eine flache Schale geben, mit einem Drittel des Olivenöls begießen, gut durchmischen und mit Folie abgedeckt im Kühlschrank 30 Minuten ziehen lassen.

• Die Bohnen in Salzwasser ca. 7 Minuten al dente kochen und gründlich abtropfen lassen. Die Fischfilets in eine feuerfeste Form geben und im vorgeheizten Backofen bei 200 °C etwa 8–10 Minuten garen, währenddessen einmal wenden.

• Inzwischen die Butter erhitzen und die Bohnen darin unter wiederholtem Rühren 2–3 Minuten dünsten. Das restliche Olivenöl mit Zitronensaft, Petersilie und Knoblauch verrühren und mit Salz sowie Pfeffer abschmecken.

• Die Bohnen auf vorgewärmten Tellern anrichten, die Filets darauf drapieren, mit der Sauce beträufeln und servieren.

SEEZUNGE À LA MEUNIÈRE (SEEZUNGE AUF MÜLLERIN-ART)

Frankreich

ZUTATEN

4 Seezungen

8 Kartoffeln

etwas Zitronensaft

1 cl Worcestershiresauce

Meersalz und Pfeffer aus der Mühle

Olivenöl, Butter

Petersilie, grob gezupft

etwas Mehl

GARZEIT: ca. 7 Minuten
TIPP: Am einfachsten ziehen Sie die dunkle Haut so ab: Die Schwanzflosse einige Sekunden in siedendes Wasser tauchen und dann an der Haut der Flosse mit einem Messer etwas schaben (dadurch zerreißt die Haut). Nun sowohl die Flosse als auch die Haut mit einem Tuch anfassen, damit Sie nicht abrutschen. Die Haut lösen und von der Flosse aus vorsichtig abziehen.

ZUBEREITUNG

• Von den Seezungen die dunkle Haut abziehen (siehe Tipp) und die weiße Haut mit einer Rasierklinge entlang des Rückgrats einritzen. Flossen sowie Kopf abtrennen und Innereien entfernen (oder alles bereits vom Fischhändler vorbereiten lassen). Gut waschen und trocken tupfen.

• Mit etwas Worcestershiresauce einreiben und salzen. In Mehl wenden und in Olivenöl zunächst auf der abgezogenen Seite anbraten. Sobald die Seezungen goldbraun sind (nach ca. 2 Minuten), wenden und reichlich Butter zugeben. Nun die Hitze so weit reduzieren, dass die Butter zwar schäumt, aber nicht braun wird.

• Die geschälten, gekochten Kartoffeln in mundgerechte Stücke schneiden und zugeben. Mit einem Löffel immer wieder schäumende Butter über die Fische gießen. Nach ca. 5 Minuten den Zitronensaft und die grob gezupfte Petersilie einrühren. Mit Meersalz und Pfeffer abschmecken und in der Pfanne servieren.

STEINBUTT IN ZITRONEN-THYMIAN-BUTTER

Sardinien

ZUTATEN

ca. 700 g Steinbuttfilets

200 ml Fischfond

1 Zitrone

2 EL Kapern

2 Thymianzweige

1 TL Estragonsenf

50 g Butter, kalt, zum Montieren

Butter zum Anbraten

Meersalz aus der Mühle

Pfeffer aus der Mühle

etwas Zitronensaft

GARZEIT: 5–6 Minuten
BEILAGENEMPFEHLUNG: Karotten- oder Sellerie-
püree (s. S. 162)

ZUBEREITUNG

◆ Fischfond mit 2/3 der Thymianzweige ca. 20 Minuten ziehen lassen. Restlichen Thymian für später beiseite legen.

◆ Die Steinbuttfilets salzen und pfeffern. In einer Pfanne etwas Butter erhitzen, die Filets darin langsam etwa 1 Minute auf einer Seite anbraten und dann wenden. Bei geringer Hitze langsam 4–5 Minuten ziehen lassen, so dass der Fisch innen noch schön glasig ist.

◆ Währenddessen den Fond passieren. Den restlichen gezupften Thymian und die Kapern hacken. Die Zitrone filetieren und in Würfel schneiden.

◆ Die kalte Butter bei minimaler Hitze in den passierten Fond einrühren, um ihn zu binden. Zitronenwürfel, Thymian, Kapern und Senf einmengen und einmal ganz kurz aufkochen lassen. Mit Meersalz und etwas Zitronensaft abschmecken. In die Mitte der Teller jeweils etwas Sauce gießen und die Steinbuttfilets darauf anrichten.

MARINIERTER WOLFSBARSCH MIT KARTOFFELN IN SALZTEIG

Katalonien

Fotos rechts

ZUTATEN

ca. 600 g Wolfsbarschfilets

Saft von 2 Limonen oder Zitronen

1 Selleriestange, 1 Fenchel

40 g Meersalz

20 g Honig

200 g Ziegenfrischkäse

Öl für die Form

FÜR DIE KARTOFFELN IN SALZTEIG

500 g Kartoffeln, möglichst klein

3 Eier, 200 ml Wasser

600 g Mehl

200 g grobes Meersalz

5 Knoblauchzehen, 2 Thymianzweige

BACKOFENTEMPERATUR: 200 °C
GARZEIT: ca. 60 Minuten

ZUBEREITUNG

◆ Die Fischfilets sorgfältig entgräten (1).

◆ Geputzten Stangensellerie sowie Fenchel in kleine Würfel hacken, mit Limonensaft, Meersalz und Honig vermischen.

◆ Fischfilets in eine flache Form legen, mit Gemüse bedecken. 3–4 Stunden marinieren, dabei wiederholt wenden.

◆ Für die Kartoffeln in Salzteig aus Eiern, Wasser, Mehl und Meersalz (2) einen geschmeidigen Teig kneten (3). Den Teig ca. 0,5 cm dick ausrollen (4) und eine passende feuerfeste, mit Öl bestrichene Form damit auslegen.

◆ Die gewaschenen, nicht geschälten Kartoffeln, Knoblauch und Thymian hineinlegen (5) und Teig darüber schlagen. Im vorgeheizten Backofen bei 200 °C ca. 60 Min. backen.

◆ Den Salzteig öffnen (nicht zum Verzehr geeignet!). Die Kartoffeln auf der Oberseite einschneiden (7). Den Ziegenfrischkäse grob zerbröckeln, auf die Kartoffeln verteilen und zart schmelzen lassen. Kartoffeln in der Form auftragen.

◆ Die marinierten Wolfsbarschfilets (6) extra dazu servieren.

WOLFSBARSCH MIT PIKANTER PAPRIKASAUCE

Kroatien

ZUTATEN

4 kleine Wolfsbarsche, küchenfertig (ersatzweise Goldbrassen)
1 Limette, geviertelt
4 Knoblauchzehen, 4 Lorbeerblätter
$\frac{1}{2}$ Fenchel, grob gewürfelt
4 Rosmarinzweige
Meersalz und Pfeffer aus der Mühle
Olivenöl
Zitronenhälften zum Garnieren

FÜR DIE SAUCE

4 Schalotten
2 Paprikaschoten
1 Prise Kreuzkümmel
3 Knoblauchzehen
2 getrocknete Chilischoten
2 EL Rotweinessig
1 Scheibe altes Weißbrot
250 ml Olivenöl
Meersalz

GARZEIT: ca. 10 Minuten

ZUBEREITUNG

• Für die Sauce Schalotten und Weißbrot in kleine Würfel schneiden. Paprikaschoten entkernen und ebenfalls kleinwürfelig schneiden, Knoblauch fein hacken. Schalotten mit Knoblauch, Paprikaschoten, Rotweinessig, Kreuzkümmel, gehackten Chilischoten und Weißbrot mischen, mit etwas Meersalz würzen und 1 Stunde ziehen lassen.

• Dann in einem Mixer vermengen, das Olivenöl langsam einlaufen lassen und zu einer homogenen Sauce rühren. Nochmals mit frisch gemahlenem Meersalz und Pfeffer abschmecken.

• Geviertelte Limette, Knoblauchzehen, Lorbeerblätter, Fenchelstücke und Rosmarin mit etwas Meersalz und Olivenöl vermengen.

• Die küchenfertigen Fische mit je einem Viertel der vorbereiteten Masse füllen und die Bauchöffnung mit Zahnstochern verschließen. Die Fische mit Salz sowie Pfeffer würzen und in einer Pfanne in heißem Olivenöl bei großer Hitze etwa 1 Minute auf jeder Seite anbraten. Hitze etwas reduzieren und ca. 8 Minuten beidseitig goldbraun braten.

• Auf vorgewärmten Tellern anrichten, mit je einer Zitronenhälfte garnieren und mit der vorbereiteten Sauce servieren.

ZAHNBRASSE MIT SESAMKRUSTE

Antalya

ZUTATEN

ca. 700 g Zahnbrassenfilets

je 2 EL weiße und schwarze Sesamkörner

200 ml Fischfond

$\frac{1}{2}$ Zitrone

2 Knoblauchzehen, halbiert

2 Gewürznelken

1 Sternanis

2 Korianderzweige

50 g Butter, kalt

Olivenöl

Meersalz aus der Mühle

Pfeffer aus der Mühle

GARZEIT: 7–9 Minuten

BEILAGENEMPFEHLUNG: Mangold mit Kartoffeln (s. S. 158) oder geschmortes Gemüse und Fladenbrot

ZUBEREITUNG

◆ Den Fischfond mit Zitrone, Knoblauchzehen, Sternanis, Nelken und dem Koriander einmal kurz aufkochen lassen und dann wie einen Tee zugedeckt ziehen lassen.

◆ Die geschuppten und gut entgräteten Brassenfilets auf der Hautseite mit einer Rasierklinge vorsichtig einritzen, damit sie sich beim Braten nicht wölben. Beide Sesamsorten auf einem Teller vermischen. Fischfilets mit Salz und Pfeffer würzen und mit der Fleischseite sanft in den Sesam pressen. In einer beschichteten Pfanne etwas Olivenöl erhitzen und die Filets zunächst auf der Sesamseite 1–2 Minuten anbraten. Dann wenden und bei kleiner Hitze ca. 6–7 Minuten fertig braten.

◆ Inzwischen Gewürzsud durch ein feines Sieb passieren, kurz aufkochen und kalte Butter einrühren. Mit Meersalz abschmecken. Die fertig gebratenen Fischfilets mit der Hautseite nach oben auf vorgewärmten Tellern anrichten.

◆ Sauce mit Stabmixer kurz aufschäumen und über die Fischfilets gießen.

CALAMARI MIT BLATTSPINAT

Ligurien

ZUTATEN

600 g Calamari (Tintenfische), küchenfertig

500 g Blattspinat

350 g Tomaten

100 ml Weißwein

100 ml Olivenöl

2 Knoblauchzehen, gehackt

1 Zwiebel, gehackt

1 Karotte, gehackt

1 Selleriestange, gehackt

1 EL Petersilie, gehackt

1 getrocknete Chilischote, gehackt

Meersalz aus der Mühle

Pfeffer aus der Mühle

GARZEIT: ca. 45 Minuten

ZUBEREITUNG

◆ Küchenfertige Calamari (ohne Haut, Augen, Kauwerkzeuge und Fischbein) waschen, trocken tupfen und in feine Streifen oder Ringe schneiden.

◆ Tomaten kurz überbrühen, schälen und pürieren, Spinat waschen und tropfnass in einer Pfanne kurz andünsten bis er in sich zusammenfällt. Ausdrücken und grob hacken.

◆ In einer großen Pfanne das Öl erhitzen und Knoblauch, Zwiebeln, Karotten, Sellerie, Petersilie sowie Chilischote darin einige Minuten anbraten. Die Calamari untermischen, gut durchrühren, mit Weißwein aufgießen und auf mittlerer Flamme dahinköcheln lassen.

◆ Sobald der Wein verkocht ist, die Tomaten zugeben und weitere 30 Minuten auf kleiner Flamme köcheln lassen. Den gehackten Spinat zugeben, gut durchmischen und nach 2–3 Minuten vom Herd nehmen. Mit Salz sowie Pfeffer abschmecken und servieren.

TINTENFISCHE MIT KALBFLEISCH GEFÜLLT

Marken   Fotos rechts

ZUTATEN

800 g Tintenfische, geputzt und ohne Fangarme

300 g Kalbfleisch

4 Knoblauchzehen

1 Bund Petersilie, grob gehackt

4 Minzeblätter

2 EL Semmelbrösel

2 EL Tomatenmark

200 ml Tomatensauce (s. S. 48)

Saft von 1/2 Zitrone

Olivenöl

Salz und Pfeffer aus der Mühle

GARZEIT: Kalbfleisch ca. 40 Minuten,
Tintenfische ca. 15 Minuten

ZUBEREITUNG

◆ Die sauber geputzten Tintenfische innen und außen unter fließendem Wasser gut waschen, abtropfen lassen und mit Salz und Pfeffer würzen (1–3)).

◆ Die Hälfte der Petersilie, 3 (!) Knoblauchzehen und Minzeblätter in Salzwasser aufkochen. Kalbfleisch darin ca. 40 Minuten weich kochen (4). Das Fleisch durch den Fleischwolf drehen. Semmelbrösel sowie etwas Olivenöl zugeben und die Farce mit Salz sowie Pfeffer abschmecken (5).

◆ Tintenfische mithilfe eines Kaffeelöffels mit der Fleischfarce füllen und die Öffnung mit Küchengarn vernähen.

◆ Die letzte Knoblauchzehe mit der restlichen Petersilie in etwas Olivenöl andünsten. Tomatenmark einrühren, mit Tomatensauce aufgießen und mit Salz, Pfeffer sowie Zitronensaft abschmecken. Tintenfische einlegen (6), mit Sauce bedecken. Bei geschlossenem Deckel und niedriger Hitze etwa 15 Minuten gar kochen.

GARNELEN MIT ROMESCO-SAUCE

Spanien

Foto rechts

ZUTATEN

16 Riesengarnelen

100 ml Olivenöl

75 g Mandeln, geschält

3 Knoblauchzehen

1 kleine Zwiebel

1–2 Chilischoten

3 Tomaten

1 Lorbeerblatt

1 Scheibe geröstetes Weißbrot

2 EL Petersilie, gehackt

Meersalz und Pfeffer aus der Mühle

Sherryessig

GARZEIT: Garnelen ca. 7 Minuten
BEILAGENEMPFEHLUNG: Couscous

ZUBEREITUNG

◆ Die Garnelen mit Kopf und Schale in heißem Olivenöl etwa 1 Minute auf jeder Seite anbraten, herausnehmen und überkühlen lassen. Dann Garnelen ausbrechen (schälen) und den Darm entfernen.

◆ Die Zwiebel in Streifen schneiden, die Chilischoten entkernen und klein hacken. Die Tomaten kurz überbrühen, enthäuten, entkernen und würfelig schneiden. Zwiebeln im verbliebenen Olivenöl glasig dünsten, Chili dazugeben und die gewürfelten Tomaten untermischen. Lorbeerblatt zugeben und alles auf mittlerer Flamme ca. 4–5 Minuten einkochen lassen.

◆ Mandeln, Knoblauch, Weißbrot und Petersilie in einem Mörser (oder mit dem Mixstab) zerstampfen und unter die Tomaten rühren. Mit frisch gemahlenem Meersalz, Sherryessig und Pfeffer aus der Mühle abschmecken.

◆ Die Garnelen in die Sauce einlegen und bei kleiner Hitze noch etwa 5 Minuten ziehen lassen.

HEUSCHRECKENKREBSE IN BUSARA
(CANOCCHIE IN BUSARA)

Julisch Venetien

ZUTATEN

ca. 700 g Canocchie (Heuschreckenkrebse)

2 Knoblauchzehen

1 Bund Petersilie

1–2 EL Semmelbrösel

ca. 125 ml Weißwein

1 Dose Pelati (geschälte Tomaten)

1 Prise Chilipulver

4 EL Olivenöl

Meersalz aus der Mühle

GARZEIT: Sauce 15–20 Min., Canocchie wenige Min.
BEILAGE: knuspriges Weißbrot oder Pasta
TIPP: Da Heuschreckenkrebse nicht leicht erhältlich sind, bieten Garnelen oder Scampi Ersatz.

ZUBEREITUNG

◆ Heuschreckenkrebse an beiden Seiten der Länge nach einschneiden. Knoblauch und gezupfte Petersilie fein hacken.

◆ In einer Busara (Pfanne) Öl erhitzen, Heuschreckenkrebse ganz kurz anbraten, wieder herausnehmen und warm stellen. Danach Knoblauch kurz anbraten, Petersilie und Semmelbrösel hinzufügen und mit Weißwein aufgießen. Auf kleiner Flamme köcheln lassen bis eine sämige Sauce entsteht.

◆ Pelati grob hacken und mit dem Saft aus der Dose in die Pfanne gießen. Alles etwa 10–15 Minuten auf kleiner Flamme schmoren lassen. Mit Meersalz und Chili abschmecken.

◆ Canocchie wieder hinzufügen und nochmals kurz erwärmen. In der Pfanne auftragen.

HUMMER IN SENFSAUCE

Südfrankreich

ZUTATEN

2 kleine Hummer (zu je ca. 500–600 g)

120 g Butter

1 Prise Chilipulver

2 KL Dijonsenf

2 EL Weißweinessig

100 ml trockener Weißwein

Petersilie und Zitronenscheiben zum Garnieren

Meersalz aus der Mühle

Pfeffer aus der Mühle

GARZEIT: Einige Minuten kochen, ca. 9–10 Minuten ziehen lassen

ZUBEREITUNG

◆ In einem großen Topf Salzwasser aufkochen und die Hummer darin nur kurz überbrühen, bis sich die Schalen rot verfärben und das Fleisch ausgelöst werden kann. (Vorsicht: Der Hummer darf keinesfalls durchgegart sein!) Hummer der Länge nach mit einem scharfen Messer zerteilen, Scheren ausbrechen und das Hummerfleisch auslösen.

◆ Das Fleisch in gleich große Scheiben schneiden, salzen, pfeffern und nebeneinander in einer Kasserolle auflegen.

◆ Die Butter in einer Saucenpfanne schmelzen, mit Chili, Senf und Essig vermischen, alles durchkochen lassen und über die Hummerscheiben gießen. Diese auf kleinster Flamme etwa 4 Minuten lang dünsten.

◆ Jetzt den Weißwein zugießen und das Hummerfleisch zugedeckt weitere 5 Minuten auf kleinster Flamme ziehen lassen. Hummerstücke herausnehmen und auf einer vorgewärmten Vorlegeplatte anrichten.

◆ Den verbliebenen Fond auf die Hälfte einkochen und, sobald er sämig zu werden beginnt, über die Hummerstücke gießen. Mit Petersilie und Zitronenscheiben garnieren.

GEGRILLTE LANGUSTE

Dalmatien

Foto links

ZUTATEN

2 fangfrische Langusten (ersatzweise Hummer)

1 Knolle junger Knoblauch

1 Bund Estragon

ca. 125 ml Olivenöl für das Estragonöl

Meersalz aus der Mühle

Pfeffer aus der Mühle

Olivenöl zum Anbraten

GARZEIT: 5–8 Minuten

BEILAGENEMPFEHLUNG: knuspriges Weißbrot zum Auftunken des aromatisierten Olivenöls

ZUBEREITUNG

◆ In einem großen Topf Salzwasser aufkochen und die Langusten kurz darin aufwallen lassen. Herausnehmen, etwas auskühlen lassen. Mit einem scharfen Messer mit dicker Klinge der Länge nach halbieren und den Darm entfernen.

◆ Die Knoblauchknolle vierteln, den Estragon zupfen und hacken. In einer gusseisernen Pfanne etwas Olivenöl erhitzen und Knoblauch darin anbraten. Die Langusten mit der Fleischseite nach unten einlegen und anbraten bis sie Farbe nehmen. Wenden und nochmals etwas ziehen lassen.

◆ Gehackten Estragon mit Olivenöl verrühren. Je eine halbierte Languste auf einem vorgewärmten Teller anrichten, geschmorten Knoblauch dazugeben und mit Estragonöl großzügig beträufeln. Vor dem Servieren noch mit frisch gemahlenem Meersalz und Pfeffer würzen.

MESSERMUSCHELN IN MALVASIA

Istrien

ZUTATEN

800 g Messer- oder Steinbohrermuscheln

2–3 Knoblauchzehen, zerdrückt

ca. 125 ml Malvasia (oder anderer kräftiger Weißwein)

2 EL Olivenöl

2 EL Petersilie, gehackt

Meersalz aus der Mühle

Pfeffer aus der Mühle

GARZEIT: Muscheln 3–5 Minuten
BEILAGENEMPFEHLUNG: knuspriges Weißbrot oder gebratene Polentascheiben

ZUBEREITUNG

◆ Messermuscheln zunächst mehrere Stunden in kaltem Salzwasser schwemmen, danach unter fließendem kalten Wasser gut spülen und anschließend abtropfen lassen. (Diesen Vorgang nötigenfalls auch mehrmals wiederholen, denn Messermuscheln können mitunter sehr sandig sein!)

◆ Dann Olivenöl erhitzen und Knoblauchzehen darin kurz anbraten. Muscheln hinzufügen und zugedeckt garen, bis sich alle Schalen geöffnet haben. Mit Malvasia ablöschen und diesen etwas einkochen lassen.

◆ Mit frisch gemahlenem Salz sowie Pfeffer würzen und mit gehackter Petersilie bestreuen.

JAKOBSMUSCHELN AUF PROVENÇALISCHE ART
(COQUILLES SAINT-JACQUES À LA PROVENÇALE)

ZUTATEN

12 Jakobsmuscheln mit Corail (orangefarbener Rogen)

3–4 Champignons

1 Schalotte, gehackt

2 Knoblauchzehen

1 EL Petersilie, gehackt

1 KL Butter zum Anbraten

1 EL Olivenöl

1 Fleischtomate

125 ml provençalischer Roséwein

1 nussgroßes Stück Butter, eiskalt, zum Montieren

Meersalz aus der Mühle

weißer Pfeffer, frisch geschrotet

GARZEIT: 2–3 Minuten

ZUBEREITUNG

◆ Jakobsmuscheln vom Corail trennen und die Muscheln der Breite nach in jeweils 3 gleich große Scheiben schneiden.

◆ Champignons putzen, in hauchdünne Scheiben schneiden. Schalotte, Knoblauch und Petersilie fein hacken. Tomate kurz überbrühen, schälen, entkernen und würfelig schneiden.

◆ Butter und Olivenöl in einer kleinen Pfanne erhitzen. Jakobsmuscheln und Corail etwa 1 Minute lang darin scharf anbraten, wieder herausnehmen und warm halten.

◆ Hitze etwas reduzieren und Schalotten im Bratrückstand glasig dünsten. Champignons und Tomaten hinzufügen, mit frisch geschrotetem Pfeffer abschmecken und mit Roséwein aufgießen. Wein bis auf etwa ein Drittel seines Volumens einkochen lassen.

◆ Knoblauch, Petersilie und Jakobsmuscheln hinzufügen und 1 weitere Minute auf mittlerer Flamme in der Sauce ziehen lassen. Mit frisch gemahlenem Meersalz und Pfeffer abschmecken. Pfanne vom Herd nehmen und die eiskalte Butter unter die Sauce rühren. Heiß servieren.

ÜBERBACKENE JAKOBSMUSCHELN

Asturien

ZUTATEN

16 Jakobsmuscheln in der Schale

150 ml Weißwein

4 cl Orujo (span. Tresterbranntwein, ersatzweise Grappa)

2 EL Zitronensaft

1 Zwiebel, fein gehackt

1 Knoblauchzehe, fein gehackt

4 EL Olivenöl

1 EL Petersilie, gehackt

1 TL süßes Paprikapulver

1 Messerspitze Zimt

4 EL Semmelbrösel

Salz aus der Mühle

Pfeffer aus der Mühle

Olivenöl zum Bestreichen

ZUBEREITUNG

◆ Die Muscheln mit einem Messer öffnen und das Muschelfleisch samt orangefarbigem Corail (Rogen) herauslösen. Das Muschelfleisch mit Zitronensaft beträufeln. Den Corail klein schneiden und mit der gehackten Petersilie vermischen.

◆ Gehackte Zwiebel und Knoblauch in Olivenöl anschwitzen. Die Corailmischung mit Paprika, Zimt, Salz und Pfeffer würzen und beigeben. Mit Weißwein und Orujo ablöschen und einmal aufkochen lassen.

◆ Dann 8 Muschelschalen säubern, mit Öl einstreichen, je 2 Muscheln hineinlegen und mit der Corailsauce bedecken. Mit Semmelbröseln bestreuen und etwas Olivenöl darüber träufeln. Im auf 180 °C vorgeheizten Backofen ca. 10–12 Minuten goldbraun überbacken.

BACKOFENTEMPERATUR: 180 °C
GARZEIT: 10–12 Minuten

FLEISCHLICHE GENÜSSE

SPANFERKEL, BISTECCA & SCHISCH KEBAP

Das Wörtchen Mittelmeer verstellt häufig den Blick auf die Tatsache, dass es sich bei den größten Flächen der Mittelmeerländer keineswegs um Küstenregionen, sondern um Hoch- und Tiefebenen sowie Bergregionen handelt. Mit jedem Kilometer, mit dem sich der Reisende vom Meer entfernt, wird die Küche daher auch erdverbundener und bäuerlicher – was sich auch auf ihre „Fleischeslust" auswirkt. Viele Gerichte der einfachen Landbevölkerung spiegeln den hohen Stellenwert der Kleintierzucht wider. In manchen Regionen – man denke nur an das berühmte Bistecca fiorentina – spielt auch die Rinderzucht eine große Rolle. Und nicht zuletzt hat auch die früher vor allem der Aristokratie vorbehaltene Jagd die Speisekarten der Mittelmeerländer wesentlich mitgeprägt.

PORCEDDU (SARDISCHER SPANFERKELRÜCKEN)

ZUTATEN

1 ganzer Spanferkelrücken

500 ml dunkles Bier

1 Knolle Knoblauch

2 Zwiebeln

1 kleine Karotte

1 Stück Stangensellerie

2 Tomaten

½ TL Kümmel

2 Lorbeerblätter

1 TL Senfkörner

1 TL Pfefferkörner

½ Bund Thymian

Geflügelfond oder -suppe zum Aufgießen

Meersalz und Pfeffer aus der Mühle

Olivenöl

BACKOFENTEMPERATUR: 180 °C, dann Oberhitze
GARZEIT: ca. 50–60 Minuten
BEILAGENEMPFEHLUNG: Schmorgemüse und
Rosmarinkartoffeln (s. S. 159)

ZUBEREITUNG

◆ Den Spanferkelrücken mit der Schwartenseite nach unten für ca. 5–6 Stunden in etwa fingerhoch eingefülltes Salzwasser legen. Dann die Schwarte mit einer Rasierklinge oder einem sehr scharfen Messer einschneiden, das Fleisch salzen und pfeffern.

◆ Knoblauchknolle, Zwiebeln, Karotte, Stangensellerie sowie die Tomaten in Würfel schneiden und in einem Bräter in etwas Öl kurz anrösten. Sämtliche Kräuter und Gewürze dazugeben und langsam mit Bier ablöschen.

◆ Das Spanferkel zunächst mit der Schwarte nach unten auf das Gemüse setzen und im vorgeheizten Backofen bei 180 °C ca. 15 Minuten braten. Dann umdrehen und noch etwa 35 Minuten weiterbraten. Währenddessen bei Bedarf mit Geflügelfond oder -suppe aufgießen.

◆ Spanferkel aus dem Ofen nehmen und die Sauce bei großer Hitze immer wieder mit Suppe oder Fond aufgießen und wieder einkochen lassen. Die Schwarte etwas mit feinem Salz bestreuen und bei Oberhitze noch braten, bis der Braten schön knusprig ist.

◆ Sauce passieren und gegebenenfalls nochmals abschmecken. Das Fleisch von den Knochen lösen, tranchieren und anrichten. Mit der fertigen Sauce überziehen.

FERKEL IN DER GRUBE

Die mediterrane Küche

Seit der römischen Antike zählt das Spanferkel zu den Nationalgerichten von Sardinien, wo sich altrömische Kochtraditionen wie kaum anderswo bis heute erhalten haben. Mitunter wird das Porceddu sogar heute noch wie einst in einem Erdloch zubereitet. Nachdem man eine tiefe Grube ausgehoben hat, wird darin ein riesiges Feuer entfacht, das man mit Wacholder-, Myrten- oder Rosmarinzweigen zusätzlich aromatisiert. In der Glut wird das ganze Tier dann langsam und unter ständiger Luftzufuhr gegart, was die Kruste besonders knusprig und klirrend macht. Die Sarden wissen auch längst, dass das Einreiben der Kruste mit einer Speckschwarte, die man zuvor in malzhaltiges Bier getunkt hat, dem Spanferkel besonders guttut. Das auf Sardinien gebraute Ichnusa-Bier eignet sich allerdings nicht nur zum Einreiben exzellent. Es darf beim anschließenden Essen auch genussvoll getrunken werden.

ROSMARIN-SCHWEINSBRATEN

Friaul

ZUTATEN

1,5 kg Schweinsbraten mit Knochen vom Schopf

3 Knoblauchzehen

1 Rosmarinzweig, gezupft

je 1 EL Salz und Pfeffer

Olivenöl

1 kg Kartoffeln

Suppe oder Wasser zum Aufgießen

BACKOFENTEMPERATUR: 180 °C
GARZEIT: ca. 70–85 Minuten

ZUBEREITUNG

• Den Braten vom Knochen lösen, die Knochen in eine Bratpfanne legen. Knoblauch und Rosmarin fein hacken, mit Salz und Pfeffer mischen. Die Hälfte der Mischung auf die Knochen verteilen, das Fleisch auf die Knochen legen und mit der restlichen Gewürzmischung einreiben. Mit Olivenöl begießen und im vorgeheizten Backofen bei 180 °C ca. 70–85 Minuten (je nach Qualität) braten.

• Die Kartoffeln in mittelgroße Stücke schneiden (geschält oder ungeschält, je nach Geschmack) und nach 30 Minuten zum Braten dazugeben. Währenddessen den Braten und die Kartoffeln wiederholt mit dem austretenden Saft begießen und bei Bedarf etwas Wasser oder Suppe zugießen.

• Den fertigen Braten herausnehmen, in Alufolie wickeln und noch 10 Minuten rasten lassen. Dann tranchieren und mit den Kartoffeln auftragen.

COTECHINO MIT LINSEN

Emilia-Romagna

ZUTATEN

1 ganze Cotechino-Wurst (Koch- bzw. Schlackwurst)

350 g gekochte Linsen

1 Karotte

1 Zwiebel

1 Stück Stangensellerie

1 Lorbeerblatt

100 ml trockener Weißwein

1 EL Tomatenmark

2 EL Rindsuppe

4 EL Olivenöl

Meersalz und Pfeffer aus der Mühle

GARZEIT: Cotechino 2 ½ Stunden kochen,
15 Minuten ziehen lassen

ZUBEREITUNG

• Cotechino-Wurst über Nacht wässern. Danach das Wasser wechseln (die Wurst muss reichlich damit bedeckt sein), zum Kochen bringen und 2 ½ Stunden sanft köcheln lassen. (Vorsicht: Die Haut darf dabei keinesfalls verletzt werden, da sie sonst aufspringt.)

• In der Zwischenzeit Karotte, Zwiebel und Sellerie fein hacken und in heißem Öl anbraten.

• Die vorgekochten Linsen abtropfen lassen, mit kaltem Wasser durchspülen und zum Bratgemüse in die Pfanne geben. Tomatenmark mit etwas Suppe verrühren und hinzufügen. Wein zugießen, Lorbeerblatt einlegen und mit Salz sowie Pfeffer abschmecken. Etwa 15 Minuten unter gelegentlichem Umrühren sanft köcheln lassen.

• Topf mit dem Cotechino vom Herd nehmen. Die Wurst abseits der Herdplatte noch 15 Minuten nachziehen lassen.

• Die Linsen auf einer vorgewärmten Platte anrichten. Die Wurst vorsichtig aus dem Sud heben, in 1 cm dicke Scheiben schneiden und diese über die Linsen verteilen.

POLPETTE (FLEISCHBÄLLCHEN)

Triest

ZUTATEN

700 g Kalbfleisch

800 g Tomaten

2 Zwiebeln

1 Knoblauchzehe

Thymian, Salbei und Rosmarin nach Geschmack, gehackt

2 Scheiben Weißbrot

1 Ei

125 ml Milch

1 Prise Zucker

1 Prise Cayennepfeffer

100 ml Weißwein

Olivenöl

Meersalz aus der Mühle

Pfeffer aus der Mühle

GARZEIT: Polpette ca. 10–15 Minuten,
Sauce ca. 20 Minuten
BEILAGENEMPFEHLUNG: Reis oder Weißbrot

ZUBEREITUNG

◆ Das Kalbfleisch sehr fein hacken oder grob faschieren. Tomaten kurz überbrühen, schälen, entkernen und würfelig schneiden.

◆ Zwiebeln und Knoblauch fein hacken. Das Weißbrot in Milch einweichen und gut ausdrücken. Mit Kalbfleisch, Ei, Knoblauch, der Hälfte der Zwiebeln sowie den gehackten Kräutern vermischen. Mit frisch gemahlenem Salz sowie Pfeffer abschmecken und aus der Masse kleine Kugeln formen.

◆ Etwas Olivenöl erhitzen und die Bällchen darin rundum goldbraun braten. Herausheben und warm stellen.

◆ Nochmals etwas Olivenöl nachgießen, erhitzen und darin die restlichen Zwiebeln anschwitzen. Mit Weißwein ablöschen und diesen großteils wieder einkochen lassen. Tomatenwürfeln hinzufügen und ca. 20 Minuten auf kleiner Flamme köcheln lassen.

◆ Die Sauce anschließend durch die „Flotte Lotte" passieren, leicht zuckern, mit Salz und Cayennepfeffer abschmecken. Sauce auf vorgewärmte Teller gießen und die Bällchen darauf anrichten.

PICCATA MILANESE

Lombardei

Foto rechts

ZUTATEN

ca. 700 g Kalbfleisch (aus der Schale oder Nuss),
    in 12 kleine Schnitzel geschnitten

3 EL Parmesan, frisch gerieben

4 Eier

1 EL Petersilie, gehackt

Mehl zum Panieren

Öl zum Ausbacken

Salz aus der Mühle

Pfeffer aus der Mühle

ZUBEREITUNG

◆ Die Kalbsschnitzel dünn ausklopfen, mit Salz sowie Pfeffer würzen und in Mehl wenden.

◆ Die Eier mit Parmesan und Petersilie vermischen und die bemehlten Schnitzel durch diese Masse ziehen. In einer Pfanne reichlich Öl erhitzen und die Schnitzel darin auf beiden Seiten goldgelb backen.

◆ Auf Küchenpapier abtropfen lassen und servieren.

GARZEIT: 7–10 Minuten
BEILAGENEMPFEHLUNG: Spaghetti mit Tomatensauce (s. S. 48)

KALBSROULADEN NACH MAILÄNDER ART

Lombardei

ZUTATEN

4 dünne Kalbsschnitzel (je ca. 120 g)

2 kleine Salsicce (ital. Bratwürstchen)

2 Hühnerlebern

50 g Pancetta oder durchwachsener Speck, in lange
    Streifen oder Scheiben geschnitten

1 Bund Petersilie, 10 Salbeiblätter

50 g Butter

2 Eidotter

2 EL Parmesan, frisch gerieben

400 ml Weißwein

300 ml Rindsuppe

2 Knoblauchzehen

Salz und Pfeffer aus der Mühle

Mehl

GARZEIT: ca. 23–25 Minuten
BEILAGENEMPFEHLUNG: Polenta oder Kartoffelpüree

ZUBEREITUNG

◆ Die Salsicce enthäuten und die Fülle zerkleinern. Hühnerleber, Petersilie und Knoblauch fein hacken.

◆ Alles gemeinsam mit Eidottern und Parmesan zu einer homogenen Masse vermischen. Mit Pfeffer abschmecken. Die Schnitzel auflegen, die Masse auftragen, einrollen und mit Speck umwickeln. Mit Zahnstochern fixieren.

◆ Die Butter erhitzen, die Rouladen in Mehl wenden und von beiden Seiten goldbraun anbraten. Salzen, Weißwein zugießen und auf die Hälfte einkochen lassen. Dann Suppe und Salbeiblätter zugeben und auf kleiner Flamme ca. 20 Minuten schmoren lassen.

◆ Rouladen herausnehmen und warm stellen.

◆ Nun die Sauce nochmals kräftig aufkochen und eventuell noch etwas reduzieren lassen. Die Salbeiblätter entfernen und mit Salz sowie Pfeffer abschmecken.

◆ Die Rouladen auf vorgewärmten Tellern anrichten, mit der Sauce umgießen und servieren.

SALTIMBOCCA ALLA ROMANA

Latium

ZUTATEN

ca. 700 g Kalbfleisch (aus der Schale oder Nuss), in 12 kleine Schnitzel geschnitten

6 Scheiben Parmaschinken

12 Salbeiblätter

50 g Butter

100 ml Weißwein oder Wasser

50 ml Kalbsjus (auch im Feinkosthandel erhältlich)

Meersalz und Pfeffer aus der Mühle

GARZEIT: 6–8 Minuten

BEILAGENEMPFEHLUNG: Kartoffelpüree oder Polenta

ZUBEREITUNG

• Die Kalbsschnitzel leicht ausklopfen, mit Salz sowie Pfeffer würzen. Jeweils ein Salbeiblatt und eine halbierte Scheibe Schinken auf die Schnitzel legen und gut anpressen.

• In einer Pfanne die Butter erhitzen und die Saltimbocca darin bei mittlerer Hitze auf beiden Seiten je ca. 3 Minuten anbraten. Aus der Pfanne nehmen und kurz warm stellen.

• Die Temperatur wieder erhöhen und Weißwein oder Wasser zugießen. Durch kräftiges Umrühren den Bratensatz lösen und den Wein beinahe zur Gänze einkochen lassen. Den Kalbsjus eingießen und nochmals kurz aufkochen.

• Die Saltimbocca auf vorgewärmten Tellern anrichten und die Sauce darüber träufeln.

OSSOBUCO ALLA MILANESE

Lombardei

Fotos rechts

ZUTATEN

4 Scheiben von der Kalbsstelze

4 Knoblauchzehen, 2 Zwiebeln

2 Karotten, 1 Stück Sellerie

2 Petersilienwurzeln

3–4 EL Tomatenmark

500 ml Rotwein

1 Dose Pelati (geschälte Tomaten)

1 EL Majoran, getrocknet

1 TL Kümmel, gemahlen

2 Lorbeerblätter, 3 Basilikumstängel

2 EL abgeriebene Zitronenschale

1 Tasse gemischte Kräuter (etwa Basilikum, Oregano, Schnittlauch, Majoran), frisch gehackt

Mehl zum Wenden

Meersalz und Pfeffer aus der Mühle

Olivenöl

BEILAGENEMPFEHLUNG: Risotto (s. S. 78)

ZUBEREITUNG

• Die Fleischscheiben unter fließendem Wasser waschen, trocken tupfen und mit Salz, Pfeffer, Majoran sowie Kümmel kräftig würzen (2). Knoblauchzehen, Zwiebeln, Karotten, Sellerie und Petersilienwurzeln in feine Würfel schneiden (3).

• Fleisch in Mehl wenden. Etwas Olivenöl in einem Bräter erhitzen und das Fleisch darin auf beiden Seiten kräftig anbraten (4). Gemüse zugeben und kurz mitbraten. Das Tomatenmark einrühren, kurz rösten, mit Rotwein ablöschen (5) und die geschälten Tomaten untermengen. Lorbeerblätter, Basilikumstängel und geriebene Zitronenschale zugeben (6). Mit Salz sowie Pfeffer würzen und zugedeckt im auf 180 °C vorgeheizten Backofen 1 ½ bis 2 Stunden schmoren lassen.

• Nach Ende der Garzeit Lorbeerblätter sowie Basilikumstängel entfernen, abschmecken und die fein gehackten Kräuter unterrühren.

BACKOFENTEMPERATUR: 180 °C

GARZEIT: 1 1/2–2 Stunden

RINDERSCHMORBRATEN MIT DÖRRZWETSCHKEN

Südspanien

ZUTATEN

1 kg Rindfleisch zum Schmoren (weißes Scherzel)

150 g Spickspeck

8 Knoblauchzehen

1 Zwiebel

3 Karotten

2 Selleriestangen

1 Apfel, 1 Birne

8 Dörrzwetschken, ohne Kern

1 Dose Pelati (geschälte Tomaten)

Muskatnuss, gerieben

Zimtpulver, 3 Gewürznelken

1 Lorbeerblatt, 1 Rosmarinzweig

ca. 375 ml Rotwein

ca. 125 ml Rindsuppe

100 ml süßer Sherry

4 EL Olivenöl

Meersalz und Pfeffer aus der Mühle

etwas Balsamicoessig

GARZEIT: ca. 90 Minuten
BEILAGENEMPFEHLUNG: Gnocchi oder Kartoffeln

ZUBEREITUNG

◆ Den Speck in Streifen, den Knoblauch stiftelig schneiden und das Fleisch damit spicken.

◆ Zwiebel, Karotten und Sellerie in Würfel schneiden. Den Rotwein in einen Topf gießen und das Fleisch gemeinsam mit den Gemüsewürfeln, Rosmarin, Lorbeerblatt und Gewürznelken einlegen. Mit Zimt, Muskatnuss sowie Pfeffer würzen und zugedeckt über Nacht marinieren.

◆ Das Fleisch aus der Marinade nehmen, trocken tupfen und salzen. Das Olivenöl in einem Topf mit Deckel erhitzen und das Fleisch darin von allen Seiten kurz scharf anbraten. Herausheben und beiseite stellen.

◆ Marinade abseihen und Gemüsewürfel im Bratenrückstand anbraten. Mit Sherry und etwas Marinade ablöschen. Apfel und Birne entkernen, würfelig schneiden. Gemeinsam mit den Tomaten und Dörrzwetschken beigeben. Mit Rindsuppe aufgießen und Fleisch wieder einlegen. Auf kleiner Flamme ca. 90 Minuten zugedeckt schmoren. Bei Bedarf noch Rindsuppe oder Wein zugießen.

◆ Das Fleisch herausheben und warm stellen. Sauce passieren und mit Salz, Pfeffer und einem Spritzer Balsamicoessig abschmecken. Nochmals kurz aufkochen. Das Fleisch in Scheiben schneiden und mit der fertigen Sauce übergießen.

STIFADO

Griechenland

ZUTATEN

1 kg mageres Rindfleisch

1 kg Schalotten, 3 Tomaten

750 ml Rindsuppe

1 Zimtstange

4 EL Rotweinessig

100 g Feta, klein geschnitten

Petersilie, gehackt

6 EL Olivenöl

Meersalz und Pfeffer aus der Mühle

GARZEIT: je nach Fleischqualität 1 ½ –2 Stunden
BEILAGENEMPFEHLUNG: Fladenbrot oder Reis

ZUBEREITUNG

◆ Fleisch in mundgerechte Stücke schneiden, salzen und pfeffern. Überbrühte Tomaten schälen und klein schneiden.

◆ Olivenöl erhitzen und nacheinander jeweils ein Viertel der Fleischstücke darin rundum kräftig anbraten und wieder herausheben. Gesamtes Fleisch zugeben, Tomatenwürfel hinzufügen und kurz mitdünsten. Mit Suppe sowie Rotweinessig ablöschen, Zimtstange zufügen.

◆ Fleisch bei mittlerer Hitze zugedeckt etwa 1 Stunde schmoren, wiederholt umrühren. Die Schalotten im Ganzen zufügen und 30 Minuten weiter schmoren, bis Zwiebeln und Fleisch weich sind. Mit Salz und Pfeffer abschmecken.

◆ Vor dem Servieren mit Feta und Petersilie bestreuen.

BOLLITO MISTO „DE LUXE"

Gourmet-Variante

ZUTATEN

4 Kaninchenkeulen

4 Rinderfilets mit je ca. 80 g

4 Scheiben Gänseleber mit je ca. 30 g

250 ml Weißwein

10 Pfefferkörner, 2 Lorbeerblätter

je 2 Zweige Salbei, Thymian und Rosmarin

3 Knoblauchzehen, zerdrückt

2 Zwiebeln, grob geschnitten

1 Selleriestange, grob geschnitten

Meersalz und Pfeffer aus der Mühle

FÜR DIE GEMÜSEEINLAGE

2 Karotten, in Scheiben geschnitten

1 gelbe Rübe, in Scheiben geschnitten

100 g junge Erbsenschoten

50 g Butter

100 ml Bollito-Fond

FÜR DIE SAUCE

200 ml Bollito-Fond, 50 ml Weißwein

50 g Butterflocken, kalt

50 g Gänseleber

GARZEIT: Kaninchenkeulen 30–40 Minuten
BEILAGENEMPFEHLUNG: knuspriges Ciabatta
oder Baguette

ZUBEREITUNG

◆ Für den Fond etwa 1 Liter Wasser mit Weißwein, Pfefferkörnern, Lorbeerblättern, Kräutern, Zwiebeln, Knoblauch und etwas von dem Sellerie (Rest für die Einlage aufheben) gemeinsam aufkochen. Leicht salzen.

◆ Bei den Kaninchenkeulen den Schlussknochen auslösen und die Keulen im Fond 20–25 Minuten kochen. Sobald sie weich sind, herausheben und beiseite stellen.

◆ Den Fond passieren. Wieder erwärmen und für die Einlage darin nacheinander (je nach Garungspunkt) Karotten, gelbe Rübe, den restlichen Sellerie sowie die Erbsenschoten weich kochen. Dann abseihen und insgesamt 300 ml Fond beiseite geben.

◆ Nun das Gemüse mit etwa 100 ml Bollito-Fond und der Butter aufkochen und einkochen lassen, bis der Fond schön sämig ist. Mit Salz und Pfeffer abschmecken.

◆ Währenddessen die Kaninchenkeulen wieder zurück in den Fond geben und etwa 5 Minuten leicht köcheln lassen. Dann die Rinderfilets einlegen und nach weiteren 2–3 Minuten die Gänseleber zufügen. Je nach gewünschtem Garungsgrad noch weitere 4 Minuten köcheln lassen.

◆ Für die Sauce Fond und Weißwein aufkochen und etwa um ¹⁄₃ reduzieren. Kalte Butter mit der Gänseleber in die Sauce einmixen, passieren und mit Salz und Pfeffer abschmecken.

◆ Nun in großen, vorgewärmten Suppentellern zuerst das Gemüse anrichten, darauf das Fleisch legen und abschließend die Sauce darüber gießen.

MOUSSAKA

Griechenland

ZUTATEN

2 kg mittelgroße Melanzani

2 Zwiebeln

ca. 700 g möglichst mageres Lammfleisch, faschiert

4 Knoblauchzehen, gehackt

750 g Tomaten

200 ml Weißwein

2 EL Tomatenmark

1 Zweig Oregano, 1 Stängel Petersilie

50 g Semmelbrösel

60 g Butter

40 g Mehl

1 l Milch

Muskatnuss, gemahlen

2 Eidotter

75 g Kefalotiri-Käse, gerieben (ersatzweise Parmesan)

Olivenöl

Meersalz und Pfeffer aus der Mühle

BACKOFENTEMPERATUR: 180 °C

BACKZEIT: ca. 45 Minuten

TIPP: Viele Griechen ziehen auch noch Eischnee unter die Béchamelsauce, was die „griechische Lasagne" noch ein wenig leichter und flockiger macht.

ZUBEREITUNG

◆ Die Melanzani waschen, trocken reiben, längs in fingerdicke Scheiben schneiden und einsalzen. Etwas ziehen lassen. Mit Küchenkrepp abtupfen, in wenig Olivenöl jede Seite ca. 1 Minute braten und wieder mit Küchenkrepp abtupfen.

◆ Zwiebeln feinwürfelig schneiden und in Olivenöl glasig dünsten. Das Faschierte und den Knoblauch zugeben, anbraten und mit Meersalz und Pfeffer würzen. Tomatenmark einrühren, mit Weißwein aufgießen und bei kleiner Hitze köcheln lassen, bis die Flüssigkeit fast ganz verkocht ist.

◆ Die Tomaten kurz überbrühen, schälen, entkernen und in kleine Würfel schneiden. Mit den gehackten Kräutern untermischen und nochmals abschmecken.

◆ Eine feuerfeste Form mit Olivenöl ausstreichen und mit Semmelbröseln bestreuen. Nun abwechselnd Melanzani und Fleischmasse einfüllen, mit Melanzani abschließen.

◆ Butter schmelzen, Mehl einrühren und mit Milch langsam aufgießen bis eine cremige Béchamelsauce entsteht. Durch ein feines Sieb passieren. Etwas abkühlen lassen.

◆ Geriebenen Käse unter die verquirlten Eidotter mischen und in die Béchamelsauce einrühren. Mit Salz, Pfeffer und Muskatnuss abschmecken. Die Sauce über den Auflauf gießen und bei ca. 180 °C im vorgeheizten Backofen etwa 45 Minuten backen. Vor dem Servieren etwas auskühlen lassen.

KÖFTE / KEFTEDES

Türkei / Griechenland

ZUTATEN

750 g Faschiertes von Lamm und Rind, im Verhältnis 1:1

5 Knoblauchzehen, sehr fein gehackt

1 TL Backpulver, 1/2 TL Nelkenpulver

1 TL getrockneter Oregano

1 TL Pfeffer, frisch geschrotet

1 TL Salz, 1 TL edelsüßes Paprikapulver, Olivenöl

GARZEIT: 7–12 Minuten, je nach Größe der Köfte

BEILAGENEMPFEHLUNG: Bauern- oder Copski-Salat sowie Fladenbrot oder Pilaw „Topkapi" (s. S. 84)

ZUBEREITUNG

◆ Gehackte Knoblauchzehen in wenig lauwarmem Wasser einweichen. Backpulver, Nelkenpulver, Oregano sowie frisch geschroteten Pfeffer hinzufügen.

◆ Das Faschierte mit Salz und Paprika würzen, die Knoblauchmischung darunter rühren. So viel Wasser (am besten Mineralwasser) hinzufügen, dass die Masse zwar fest und leicht formbar, aber nicht steif ist. Mit Folie gut abdecken und über Nacht im Kühlschrank ziehen lassen.

◆ Aus der Masse kleine Kroketten formen. Auf dem Grill oder in einer heißen Pfanne in Öl rundum knusprig braten.

GEFÜLLTE KOHLBLÄTTER

Türkei

ZUTATEN

1 Lâhana (türkischer Kohl) oder Wirsingkohl

600 g Lammfleisch, faschiert

1 Zwiebel

120 g Reis (am besten Basmatireis)

ca. 150 ml Hühnersuppe, Olivenöl

1 Prise Pimentpulver, Meersalz und Pfeffer aus der Mühle

etwas frische Dille und Minze, gehackt

GARZEIT: ca. 20 Minuten

TIPP: Sollten Sie Schwierigkeiten beim Einrollen der Blätter haben, so umwickeln Sie die Rouladen einfach mit Zwirn und entfernen diesen vor dem Servieren.

ZUBEREITUNG

• Die Zwiebel feinwürfelig schneiden und in etwas Olivenöl anschwitzen. Den Reis dazugeben und mit etwa 120 ml Wasser aufgießen. Aufkochen und dann so lange kochen, bis die Flüssigkeit fast vollständig verdampft ist.

• Das Lammfaschierte mit dem Reis vermengen und mit Dille, Piment sowie Minze würzen. Mit frisch gemahlenem Meersalz und Pfeffer abschmecken.

• Kohlblätter einzeln blanchieren (mit heißem Wasser überbrühen). Auf einem Tuch trocknen lassen. Blätter auflegen, Masse darauf verteilen, einrollen. Die Enden gut einschlagen.

• Die Hühnersuppe in einer Kasserolle aufkochen. Rouladen einlegen und zugedeckt bei kleiner Hitze ca. 20 Min. garen.

• Die Röllchen herausheben, anrichten und mit dem eigenen Saft servieren.

SCHISCH KEBAP

Türkei

ZUTATEN

500 g Lamm- oder Hammelfleisch (von Schulter oder Keule)

4 Lammnieren

4 Tomaten

4 grüne Paprikaschoten

FÜR DIE MARINADE

3 Zwiebeln

5 Knoblauchzehen, sehr fein gehackt

1 TL Kreuzkümmel

2 EL Olivenöl

1 EL Milch

1 KL Minze, fein gehackt

1 KL Salz

GARZEIT: 3–6 Minuten

BEILAGENEMPFEHLUNG: Tsatsiki (s. S. 15) und Fladenbrot

ZUBEREITUNG

• Das Fleisch am Vortag würfelig schneiden. Die Nieren gut wässern, dann von Strängen befreien und vierteln.

• Für die Marinade die Zwiebeln gut ausdrücken bzw. -pressen. Zwiebelsaft mit den restlichen Zutaten gut vermengen. Fleisch sowie Nieren zugeben, durchmischen, mit Folie abdecken und mindestens 8 Stunden im Kühlschrank unter gelegentlichem Wenden gut durchziehen lassen.

• Paprikaschoten entkernen, Stiel entfernen und in grobe Stücke schneiden. Tomaten vierteln. Nun abwechselnd Lammfleisch, Paprika, Lammniere und Tomaten auf Spieße stecken.

• Spieße auf dem Holzkohlengrill oder in einer Pfanne in erhitztem Olivenöl, je nach Hitze 3–6 Minuten grillen. Nur so lange grillen, bis das Fleisch gerade durch ist.

TIPP: Selbstverständlich lassen sich die Spieße auch mit Rind-, Schweine-, Truthahn- oder Hühnerfleisch zubereiten.

GYROS (DÖNER) IN FOLIE

Griechenland/Türkei

ZUTATEN

700 g nicht zu fettes Lammfleisch (aus der Schulter)

500 g Tomaten

3 Paprikaschoten

1 Bund Petersilie

150 g Zwiebeln

3 TL Salz

1 TL Pfeffer

1 TL Paprikapulver

BACKOFENTEMPERATUR: 180 °C
GARZEIT: 60–90 Minuten (je nach Fleischqualität)
BEILAGENEMPFEHLUNG: Fladenbrot oder Pilaw „Topkapi" (s. S. 84)

ZUBEREITUNG

◆ Lammfleisch, Tomaten, Paprikaschoten und Zwiebeln in mundgerechte Würfel schneiden. Petersilie fein hacken. Fleisch mit Gemüse, Petersilie, Salz, Pfeffer und Paprika gut vermischen.

◆ In 4 Portionen teilen und jeweils eine davon auf ein Stück Alufolie setzen. Die Alufolie überlappend verschließen und das Päckchen auf ein Backblech legen. Mit den anderen 3 Portionen ebenso verfahren und alle Gyros-Pakete im vorgeheizten Backofen bei ca. 180 °C je nach Fleischqualität 60–90 Minuten lang garen.

◆ Gyros in der Folie servieren und erst bei Tisch öffnen.

TIPPS:

◆ Dieses Rezept kann auch mit Rind-, Kalb-, Hühner- oder Putenfleisch zubereitet werden. Die Garzeiten müssen dann allerdings entsprechend der Art und Qualität des Fleisches angepasst werden.

◆ Im Fachhandel sind auch spezielle Gyros-Gewürze erhältlich. In diesem Fall kann man sich das Würzen mit Salz, Pfeffer und Paprikapulver nahezu oder auch völlig ersparen.

LAMMKOTELETTS MIT GESCHMORTEM KNOBLAUCH

Griechenland

ZUTATEN

12 kleine Lammkoteletts

2 ganze Knoblauchknollen (vorzugsweise junger Frühlings-
knoblauch)

je 8 grüne und schwarze Kalamata-Oliven, entkernt

1 Bund Thymian

$\frac{1}{2}$ Bund Estragon

Olivenöl

Meersalz und Pfeffer aus der Mühle

BACKOFENTEMPERATUR: 150 °C
GARZEIT: insgesamt 10–12 Minuten
BEILAGENEMPFEHLUNG: Rosmarinkartoffeln (s. S. 159)

ZUBEREITUNG

◆ Die ganzen Knoblauchknollen mit der Schale halbieren und in einer feuerfesten Pfanne in etwas Olivenöl anbraten. Einmal wenden und an den Rand der Pfanne schieben (so schmort der Knoblauch weiter und kann den Koteletts das würzige Knoblaucharoma verleihen).

◆ Die Lammkoteletts mit frisch gemahlenem Meersalz sowie Pfeffer würzen. Beidseitig kurz, aber scharf anbraten.

◆ Koteletts aus der Pfanne nehmen, noch etwas Öl zugießen. Thymian und Estragon auf dem Pfannenboden verteilen. Koteletts wieder darauf legen, Oliven zugeben und alles noch ca. 6–8 Minuten im vorgeheizten Backofen bei 150 °C ziehen lassen. In der Pfanne servieren und bei Tisch nochmals mit bestem Olivenöl beträufeln.

LAMM-KARTOFFEL-RAGOUT

Umbrien

ZUTATEN

500 g Lammfleisch (Schulter oder Keule)

500 g Kartoffeln

300 g Tomaten

4 EL Olivenöl

2 EL Petersilie, gehackt

1 Rosmarinzweig, grob gehackt

1 TL Oregano

1 Zwiebel

1 Knoblauchzehe

Meersalz und Pfeffer aus der Mühle

50 g Pecorino, frisch gerieben

ZUBEREITUNG

• Das Lammfleisch in mittelgroße Stücke teilen. Die Kartoffeln in grobe Würfel, die Zwiebel in Ringe und die Knoblauchzehe in feine Scheiben schneiden. Das Lammfleisch mit den Kartoffeln in eine feuerfeste Form geben.

• Die Tomaten kurz überbrühen, schälen und in kleine Stücke schneiden. Mit Olivenöl, gehackter Petersilie, Rosmarin, Oregano, Zwiebeln und Knoblauch vermischen. Mit Salz und Pfeffer abschmecken und unter das Fleisch mengen.

• Alles mit frisch geriebenem Pecorino bestreuen und die Form mit Alufolie abdecken. Im vorgeheizten Backofen bei 170 °C ca. 2 Stunden garen.

BACKOFENTEMPERATUR: 170 °C

GARZEIT: ca. 2 Stunden

LAMMKRONE MIT GESCHMORTEM GEMÜSE

Provence

ZUTATEN

2 Lammkronen

3 Knoblauchzehen

je 2 Zweige Thymian, Rosmarin und Estragon

1 Zucchini

je 1 rote und gelbe Paprikaschote

2 Selleriestangen

1 Karotte

1 Fenchelknolle

125 ml Kalbsfond

Dijonsenf

Meersalz aus der Mühle

Pfeffer aus der Mühle

4 EL Butter

Olivenöl

in Butter geschwenkte Erbsenschoten und Cherry-Tomaten
zum Garnieren

BACKOFENTEMPERATUR: 170–180 °C
GARZEIT: Lamm ca. 12–15 Minuten,
Gemüse ca. 10 Minuten

ZUBEREITUNG

♦ Das Lammfleisch mit Dijonsenf bestreichen und mit Salz und Pfeffer ordentlich würzen. Die Zucchini in dünne Scheiben schneiden. Die Paprikaschoten entstielen, entkernen und in kleine Würfel schneiden. Den geschälten Sellerie in etwa 2 cm große Stücke, die geputzte Karotte in Scheiben schneiden und den Fenchel vierteln.

♦ In einer Pfanne etwas Olivenöl erhitzen und die Lammkrone von beiden Seiten scharf anbraten. Mit der Fleischseite nach oben in den auf etwa 170–180 °C vorgeheizten Backofen stellen und je nach gewünschtem Garungsgrad (für medium am besten etwa 10–12 Minuten) braten.

♦ Das Lamm herausnehmen, in Alufolie wickeln und einige Minuten rasten lassen.

♦ In der Zwischenzeit Zucchini, Karotte, Paprika und Sellerie nacheinander in wenig Öl anbraten, mit dem Fond aufgießen und den Fenchel dazugeben. Jeweils einen Zweig der Kräuter fein hacken, zugeben und alles etwa 10 Minuten zart köcheln lassen. Mit Salz und Pfeffer abschmecken.

♦ Nun 1 (!) Esslöffel Butter in einer Pfanne schmelzen lassen. Die restlichen Kräuter fein hacken, gemeinsam mit dem in Streifen geschnittenen Knoblauch zugeben und das Lamm einlegen. Nochmals rundum kurz „nachbraten".

♦ Die Lammkronen aus der Pfanne heben und jeweils halbieren. Die restliche Butter unter das Gemüse rühren und das fertige Gemüse auf Tellern anrichten. Je eine Lammkronenhälfte darauf drapieren und mit den Kräutern, den in Butter geschwenkten Erbsenschoten sowie Tomaten garnieren.

TIPP: Entscheidend, ob das Fleisch wirklich zart und rosig wird, ist neben der Fleischqualität vor allem auch die Temperatur, mit der es zubereitet wird. Sehr hilfreich dabei ist ein Fleischthermometer, wie es bei modernen Küchenausstattern mittlerweile schon zur Standardausrüstung eines soliden Backrohrs gehört.

IM HEU GEGARTE MILCHLAMMSCHULTER

Provence

ZUTATEN

1 Lammschulter (ca. 1,5 kg mit Knochen, wenn möglich
   vom Milchlamm)

2 EL Dijonsenf

2 Knoblauchzehen

je 2 Zweige Thymian und Rosmarin

Meersalz aus der Mühle

Pfeffer aus der Mühle

Heu von wilden Wiesen oder Weinbergen

ZUBEREITUNG

• Den Senf mit dem gehackten Knoblauch und den gehackten Kräutern zu einer Paste verrühren. Die Lammschulter mit der Paste gut einreiben und mit frisch gemahlenem Meersalz und Pfeffer würzen.

• Die Schulter zuerst in das Heu, dann in Alufolie wickeln. In eine Bratform setzen und im vorgeheizten Backofen bei 180 °C ca. 1 1/2 Stunden braten.

• Das Heu sauber von der Schulter entfernen und den Lammbraten bei Oberhitze nochmals etwas braun werden lassen. Herausnehmen und tranchieren.

BACKROHRTEMPERATUR: 180 °C
GARZEIT: ca. 1 1/2 Stunden
BEILAGENEMPFEHLUNG: Ratatouille (s. S. 170)

ZITRONENHUHN

Ligurien

ZUTATEN

1 Huhn (ca. 1,2 kg), küchenfertig

2 EL Petersilie, gehackt

25 g Butter

1 unbehandelte Zitrone, Saft von 2 Zitronen

3 Knoblauchzehen, mit dem Messerrücken zerdrückt

300 ml Hühnersuppe

ca. 100 ml Olivenöl

Meersalz und Pfeffer aus der Mühle

GARZEIT: ca. 40–45 Minuten

BEILAGENEMPFEHLUNG: frische Blattsalate und Polenta oder Weißbrot

TIPP: Um zu überprüfen, ob das Huhn schon gar ist, stechen Sie mit einem Spießchen in den Schenkel. Tritt klarer Fleischsaft ohne Blut aus, so ist das Huhn fertig.

ZUBEREITUNG

◆ Das Huhn waschen, trocken tupfen und innen mit Butter ausstreichen. Mit Salz und Pfeffer würzen. Die Zitrone achteln und gemeinsam mit der Hälfte der Petersilie in die Bauchhöhle legen.

◆ Das Öl in einem Topf mit höherem Rand und Deckel erhitzen. Knoblauch und restliche Petersilie darin anschwitzen. Huhn einlegen und von allen Seiten anbraten. Nochmals salzen und pfeffern. Dann $^2/_3$ der Suppe zugießen und zugedeckt ca. 35 Minuten schmoren. Währenddessen immer wieder Suppe zugießen und das Huhn mit etwas Suppe beträufeln, damit das Fleisch schön saftig bleibt. Danach mit Zitronensaft beträufeln und weitere 5 Minuten garen.

◆ Das Huhn aus dem Topf nehmen und warm stellen.

◆ Die Sauce bei kräftiger Hitze auf die gewünschte Konsistenz einkochen lassen. Das Huhn zerlegen und mit der Sauce servieren.

POULARDE MIT KAPERN UND OLIVEN

Umbrien

ZUTATEN

4 Poulardenteile (Brust oder Keule, siehe Tipp)

Saft und Schale von 1 unbehandelten Zitrone

1 TL Rosmarin

2 eingelegte Sardellenfilets

50 g schwarze Oliven, entkernt und halbiert

2 EL Kapern, gehackt

2 EL Tomatenmark

200 ml Weißwein

2 Knoblauchzehen

6 EL Olivenöl

ca. 8 Pfefferkörner

1 Bund Petersilie

Meersalz und Pfeffer aus der Mühle

GARZEIT: 20–30 Minuten (je nach Größe der Hühnerteile auch länger)

BEILAGENEMPFEHLUNG: Rosmarinkartoffeln (s. S. 159) oder gebratene Polenta

ZUBEREITUNG

⬥ In einem Mörser Rosmarin, Knoblauchzehen und Pfefferkörner zerstoßen. Mit 2 (!) EL Olivenöl, Salz und abgeriebener Zitronenschale vermischen.

⬥ Die Poulardenteile damit einreiben und zugedeckt zumindest 30 Minuten ziehen lassen.

⬥ Das restliche Olivenöl erhitzen und die Poulardenteile darin rundum goldbraun anbraten. Den Zitronensaft mit Tomatenmark und Weißwein verrühren, zugießen und alles ca. 15–20 Minuten bei mittlerer Flamme schmoren.

⬥ Die Sardellenfilets abspülen, fein hacken und zusammen mit den Oliven und Kapern in die Sauce einrühren. Weitere 5–10 Minuten köcheln lassen und dann mit Salz sowie Pfeffer abschmecken. Mit gehackter Petersilie bestreuen und servieren.

TIPP: Sollten keine Poulardenteile zur Verfügung stehen, so verwenden Sie einfach das wohlschmeckende Fleisch von Bio- oder Freilandhühnern.

GEFÜLLTES PERLHUHN

Maremma

ZUTATEN

1 Perlhuhn, küchenfertig

3 Salsicce (ital. Bratwürstchen)

5 frische Salbeiblätter, 1 Rosmarinzweig, gezupft

1 TL Wacholderbeeren

3 Knoblauchzehen

4 EL Olivenöl

200 ml Pinot grigio oder anderer trockener Weißwein

1 Zitrone, in Scheiben geschnitten

Meersalz und Pfeffer aus der Mühle

BACKOFENTEMPERATUR: 200 °C

GARZEIT: 40–45 Minuten

BEILAGENEMPFEHLUNG: Rosmarin- oder Salbeikartoffeln (s. S. 159 bzw. 158)

ZUBEREITUNG

⬥ Das Perlhuhn waschen und trocken tupfen.

⬥ Die Salsicce enthäuten und die Fülle mit Salbei, Rosmarin und Knoblauch durch den Fleischwolf drehen. Die Wacholderbeeren untermischen, mit Salz sowie Pfeffer würzen und das Perlhuhn mit etwa der Hälfte der Masse füllen. Öffnung mit Zwirn vernähen.

⬥ Das Perlhuhn mit Olivenöl bestreichen, salzen und pfeffern. Zusammen mit der restlichen Masse in eine feuerfeste Form geben und im vorgeheizten Backofen bei 200 °C braten. Nach 10 Minuten den Wein zugießen und das Perlhuhn weitere 30–35 Minuten braten, bis es knusprig ist.

⬥ Herausnehmen, tranchieren und mit der Fülle anrichten. Mit Zitronenscheiben garnieren und auftragen.

KANINCHEN À LA PARMENTIER

Südfrankreich

ZUTATEN

4 Kaninchenkeulen

1 Zwiebel

1 Karotte

1 kleines Stück Sellerie

Wurzelgemüse für den Sud

Sardellenpaste

20 g Butter

20 g Mehl

2 Rosmarinzweige, gehackt

Meersalz aus der Mühle

Pfeffer aus der Mühle

Öl für die Form

Parmesan, frisch gerieben

FÜR DAS PÜREE

8 Kartoffeln, mehlig

100 ml Schlagobers

100 ml Milch

20 g Butter

100 ml Olivenöl

Meersalz aus der Mühle

Muskatnuss, gerieben

ZUBEREITUNG

◆ Die Kaninchenkeulen mit dem Wurzelgemüse in Salzwasser aufstellen und in diesem Sud ca. 30 Minuten kochen. Die Keulen herausheben, etwas auskühlen lassen und dann auslösen. Den Fond abseihen und zum Aufgießen aufbewahren. Fleisch in mundgerechte Würfel, Zwiebel, Karotte und Sellerie feinwürfelig schneiden.

◆ Butter schmelzen und das Gemüse darin anschwitzen. Mit Mehl stauben und mit etwas Kaninchenfond aufgießen. Sardellenpaste einrühren und alles etwa 10 Minuten gut durchkochen lassen. Das Fleisch zugeben und nochmals 10 Minuten mitschmoren. Mit gehacktem Rosmarin, Meersalz und Pfeffer würzen.

◆ Für das Püree die Kartoffeln in grobe Stücke schneiden und in Salzwasser etwa 30 Minuten weich kochen. Herausheben, abtropfen lassen und durch eine Kartoffelpresse drücken.

◆ Schlagobers, Milch, Butter und Olivenöl untermengen. Mit Meersalz und Muskatnuss abschmecken. In eine mit Öl ausgestrichene feuerfeste Form schichtweise Püree und Ragout einfüllen, mit Püree abschließen. Mit Parmesan bestreuen und im vorgeheizten Backofen bei 180 °C etwa 25 Minuten backen.

BACKOFENTEMPERATUR: 180 °C

GARZEIT: Keulen ca. 30 Minuten, Auflauf ca. 25 Minuten

BEILAGENEMPFEHLUNG: frische Salate

DAUBE PROVENÇALE VOM REH (REHSCHMORBRATEN)

Südfrankreich

ZUTATEN FÜR 6 PORTIONEN

1,5 kg Rehfleisch (aus Schulter oder Keule)

200 g Räucherspeck

8 Schalotten

4 kleine Karotten

1 Bouquet garni (Kräutersträußchen)

1 Lorbeerblatt

2 Gewürznelken

Muskatnuss, gerieben

3 Wacholderbeeren, zerdrückt

einige Pfefferkörner

750 ml würziger, roter Provencewein

100 ml Rotweinessig

3 Knoblauchzehen

Schale von 1 unbehandelten Orange

ca. 300 ml Wildfond oder Rindsuppe

3 EL Olivenöl

200 g schwarze Oliven

Meersalz aus der Mühle

Pfeffer aus der Mühle

BACKOFENTEMPERATUR: 150 °C
GARZEIT: 4–5 Stunden
BEILAGENEMPFEHLUNG: frisches Baguette

ZUBEREITUNG

• Rehfleisch grobwürfelig schneiden. Die Hälfte der Schalotten halbieren, Karotten in feine Scheiben schneiden. Fleischwürfel gleichmäßig in einer flachen Schüssel verteilen. Schalotten, Karotten, Bouquet garni, Lorbeerblatt, Nelken, Wacholderbeeren, Muskatnuss und Pfefferkörner darüber verstreuen. Mit Wein und Essig aufgießen. Gut durchmischen, abdecken und mindestens 8 Stunden im Kühlschrank ziehen lassen. Dabei wiederholt wenden.

• Dann die Fleischstücke einzeln aus der Marinade heben, auf Küchenkrepp gut abtropfen lassen und nochmals einzeln trocken tupfen.

• Speck und restliche Schalotten in kleine Würfel schneiden. In einem Schmortopf in heißem Olivenöl hell anbraten. Fleischstücke zugeben und scharf anbraten. Die Marinade mitsamt allen Zutaten dazugießen.

• Zerdrückten Knoblauch und klein geschnittene Orangenschale einmengen. So viel Wildfond oder Suppe nachgießen, dass das Fleisch gerade bedeckt ist. Aufkochen, Deckel aufsetzen und im auf 150 °C vorgeheizten Backofen 4–5 Stunden schmoren, bis das Fleisch so weich ist, dass man es mit einem Löffel zerteilen kann. Währenddessen gelegentlich wenden.

• Kurz vor Ende der Garzeit die entkernten und halbierten Oliven hinzufügen und noch kurz mitschmoren. Das Kräutersträußchen entfernen, mit Salz und Pfeffer abschmecken und heiß servieren.

TIPPS:

• Wenn der beim Schmoren entstandene Saft zu dünn gerät, so verkneten Sie am besten ein nussgroßes Stück Butter mit Mehl und lösen es vor dem Servieren im Saft auf.

• Die Daube ist das klassische provençalische Schmorgericht schlechthin, das sich auch mit Rind-, Lamm- oder Wildschweinfleisch zubereiten lässt.

WILDSCHWEINSCHMORBRATEN

Toskana

ZUTATEN

1 kg Wildschweinkeule oder -schulter

2 Karotten

2 rote Zwiebeln

2 Selleriestangen

2 Rosmarinzweige

5 Salbeiblätter

2 Knoblauchzehen

200 ml Olivenöl

500 ml Rotwein

600 g Pelati (geschälte Tomaten)

Salz aus der Mühle

Pfeffer aus der Mühle

Zucker nach Belieben

FÜR DIE MARINADE

2 Karotten

2 Zwiebeln

2 Selleriestangen

4 Knoblauchzehen

je 2 Zweige Rosmarin, Salbei, Thymian und Lorbeer

500 ml Rotwein

ZUBEREITUNG

◆ Für die Marinade Karotten, Zwiebeln, Sellerie und Knoblauchzehen klein schneiden und mit den ebenfalls zerkleinerten Kräutern sowie dem Rotwein vermengen. Das Wildschweinfleisch in die Marinade legen und 8 Stunden zugedeckt kühl stellen. Währenddessen ab und an wenden.

◆ Dann das Fleisch aus der Marinade nehmen, kurz abwaschen und trocken tupfen. (Die Marinade wird aufgrund ihres sauren Geruchs nicht weiterverwendet.)

◆ Karotten, Zwiebeln, Selleriestangen, Rosmarin, Salbei und Knoblauchzehen klein hacken und in einer Pfanne in heißem Olivenöl anrösten. Das Fleisch zugeben, kurz anbraten und mit Rotwein aufgießen. Die geschälten Tomaten einmengen. Salzen und pfeffern und auf kleiner Flamme ca. 2 Stunden zugedeckt schmoren lassen.

◆ Das Fleisch herausheben und kurz warm stellen. Den Saft passieren (am besten mit einer „Flotten Lotte") und nochmals aufkochen lassen. Mit Salz, Pfeffer und nach Belieben mit einer Prise Zucker abschmecken.

◆ Das Fleisch aufschneiden, auf vorgewärmten Tellern anrichten und großzügig mit Sauce übergießen.

GARZEIT: ca. 2 Stunden
BEILAGENEMPFEHLUNG: Polenta, gebraten oder cremig, oder Kartoffelpüree

KALBSLEBER MIT ZWIEBELCONFIT

Sizilien

ZUTATEN

ca. 700 g Kalbsleber, in ca. 12–16 Scheiben geschnitten

2 Zwiebeln, in Streifen geschnitten

30 g Pinienkerne

30 g Rosinen

1 Majoranzweig, gezupft

100 g Butter

2 cl Grappa

50 ml Weißwein

etwas Honig

2 cl Kalbsjus

Meersalz und Pfeffer aus der Mühle

GARZEIT: Kalbsleber 4–6 Minuten, Zwiebelconfit
25–30 Minuten
BEILAGENEMPFEHLUNG: Gerührte Polenta
(s. S. 91)

ZUBEREITUNG

• In einer Pfanne die Hälfte der Butter aufschäumen lassen und die in Streifen geschnittenen Zwiebeln langsam hell anschwitzen, bis nach und nach Wasser austritt. Die Hitze reduzieren und 20–25 Minuten weiter vor sich hin köcheln lassen. Währenddessen immer wieder etwas Weißwein zugießen, damit die Zwiebeln keine Farbe annehmen.

• Gegen Ende der Garzeit den gezupften Majoran, Rosinen, Pinienkerne und den Grappa einrühren. Mit Salz, Pfeffer und Honig abschmecken.

• Die Kalbsleber pfeffern und in der restlichen Butter auf beiden Seiten für je 2–3 Minuten anbraten. Währenddessen dabei darauf achten, dass die Leber nicht zu dunkel wird. Das fertige Zwiebelconfit auf vorgewärmten Tellern anrichten, die gebratenen Kalbsleberscheiben darauf legen und mit frisch gemahlenem Meersalz würzen. Den erwärmten Kalbsjus über die Leber gießen.

FEGATO ALLA VENEZIANA (KALBSLEBER AUF VENEZIANER ART)

ZUTATEN

ca. 700 g Kalbsleber

4 EL Olivenöl

25 g Butter

500 g Zwiebeln

1 EL Petersilie, gehackt

2 Lorbeerblätter

4 EL Kalbsfond

Meersalz aus der Mühle

Pfeffer aus der Mühle

ZUBEREITUNG

◆ Zwiebeln schälen und in Ringe schneiden. In einer Kasserolle oder Pfanne (mit Deckel) Olivenöl und Butter erhitzen. Die Zwiebelringe zugeben und gemeinsam mit den Lorbeerblättern und der gehackten Petersilie ca. 10 Minuten bei geschlossenem Deckel dünsten.

◆ Währenddessen die gut geputzte Kalbsleber (ohne Häutchen etc.) in gleich große Scheiben schneiden und dann in die Pfanne geben. Die Temperatur erhöhen, den Fond zugießen und alles 5 Minuten schmoren. Die Leber wieder herausnehmen, mit frisch gemahlenem Pfeffer sowie Meersalz würzen und auf gut vorgewärmten Tellern anrichten. Die Zwiebeln darüber legen.

GARZEIT: Leber ca. 5 Minuten

BEILAGENEMPFEHLUNG: gebratene Polentascheiben

TRIPPA ALLA FIORENTINA (KUTTELN IN TOMATENSAUCE)

Toskana

ZUTATEN

800 g Kutteln, bereits gekocht

ca. 100 ml Olivenöl

1 Zwiebel

1 Karotte

1 Selleriestange

500 g Pelati (geschälte Tomaten aus der Dose)

50 g Parmesan, frisch gerieben

Meersalz aus der Mühle

Pfeffer aus der Mühle

TIPP: Die Kutteln werden in ausreichend viel Wasser, dem man Wurzelwerk, eine Zwiebel, Lorbeerblätter sowie Pfefferkörner zugibt, je nach Qualität 2–4 Stunden weich gekocht. Dabei sollte das Wasser zwei- bis dreimal gewechselt werden.

ZUBEREITUNG

◆ Die gekochten Kutteln waschen und in kochendem Wasser 10 Minuten blanchieren (überbrühen). Kutteln abgießen und in Streifen schneiden.

◆ Tomaten kurz überbrühen, schälen, entkernen und passieren. Zwiebel, Karotte und Sellerie klein hacken. Alles in Olivenöl andünsten. Kutteln zugeben und einige Minuten mitdünsten. Tomaten einrühren und weitere 30 Minuten zugedeckt auf kleiner Flamme köcheln lassen. Nach der Hälfte der Garzeit kräftig salzen und pfeffern. Sollte die Sauce nach 30 Minuten noch nicht dickflüssig sein, Deckel abnehmen und bei großer Flamme einkochen lassen.

◆ Unmittelbar vor dem Servieren frisch geriebenen Parmesan einrühren und auftragen.

GARZEIT: ca. 35 Minuten

BEILAGENEMPFEHLUNG: Gerührte Polenta (s. S. 91)

SALTIMBOCCA VON DER KALBSLEBER

Latium

ZUTATEN

ca. 700 g Kalbsleber, in 16 Scheiben geschnitten

16 Salbeiblätter zum Belegen

5 Salbeiblätter für die Sauce

8 Scheiben Parmaschinken

100 ml Kalbsjus

50 ml Portwein

1 Schalotte, gehackt

1 EL Butter für den Salbeijus

50 g Butterflocken für die Sauce, kalt

50 g Butter zum Braten

etwas Olivenöl

Meersalz aus der Mühle

Pfeffer aus der Mühle

GARZEIT: 4–5 Minuten

BEILAGENEMPFEHLUNG: Kartoffelpüree

ZUBEREITUNG

◆ Jedes Leberschnitzel mit je einem Salbeiblatt und einer halbierten Scheibe Schinken belegen und gut anpressen. Mit Pfeffer würzen.

◆ Für den Salbeijus die Butter aufschäumen und die gehackte Schalotte darin anschwitzen. Mit Portwein ablöschen und etwa um die Hälfte einkochen lassen. Salbeiblätter und Kalbsjus zugeben und etwa weitere 10 Minuten köcheln lassen. Den Salbeijus passieren, nochmals aufkochen lassen und die kalten Butterflocken einrühren, damit die Sauce schön sämig und glänzend wird.

◆ Währenddessen für die Leberschnitzel die Butter mit einem Spritzer Olivenöl aufschäumen und die Schnitzel zuerst auf der Schinkenseite etwa 2 Minuten anbraten. Wenden und weitere 2–3 Minuten braten. Aus der Pfanne heben und beim Anrichten auf den vorgewärmten Tellern mit etwas Meersalz bestreuen. Mit der fertigen Salbeisauce beträufeln.

KALBSNIERE MIT ARTISCHOCKEN UND MADEIRA

Spanien

ZUTATEN

2 Kalbsnieren im Fettmantel

4 kleine Artischocken

3 Schalotten

10 g Butter

200 ml Kalbs- oder Geflügelsuppe

8 kleine Kartoffeln

1 Thymianzweig, gezupft

5 cl Madeira

Olivenöl

Meersalz aus der Mühle

Pfeffer aus der Mühle

BACKOFENTEMPERATUR: 180 °C

GARZEIT: Kalbsniere 17–20 Minuten, Gemüse ca. 25 Minuten

ZUBEREITUNG

◆ Kalbsnieren so zuputzen, dass rundum nur eine dünne Fettschicht übrig bleibt. Nach Bedarf die Unterseite mit einem scharfen, spitzen Messer so einschneiden, dass man den „Strang" entfernen kann. Nieren salzen sowie pfeffern.

◆ Etwas Öl in einen Kupfer- oder anderen feuerfesten Topf geben und die Nieren mit der Oberseite nach unten einlegen. Etwa 2 Minuten anbraten, dann im vorgeheizten Backofen bei 180 °C ca. 15 Minuten braten. (Währenddessen wiederholt das sich in der eingeschnittenen Aushöhlung ansammelnde Blut entfernen.) Niere herausheben und in Alufolie gewickelt bei 100 °C noch etwas rasten lassen.

◆ Schalotten und Kartoffeln halbieren, im Topf auf mittlerer Flamme in Butter kurz anschwitzen. Mit Madeira ablöschen und mit Suppe aufgießen. Gezupften Thymian einrühren und bei kleiner Hitze ca.15 Minuten schmoren.

◆ Die Artischocken putzen, vierteln und zugeben. Weitere 10 Minuten garen, bis alles durch ist. Mit frisch gemahlenem Meersalz und Pfeffer abschmecken.

◆ Nieren in dünne Scheiben schneiden und das Schmorgemüse rundum verteilen.

Die mediterrane Küche

MEDITERRANE GEMÜSEKOMBÜSE

VEGETARISCHE BEILAGEN UND HAUPTGERICHTE

Schlagworte wie Kreta- und Mittelmeer-Diät haben den Küchen zwischen Algarve und Antalya in den letzten Jahren zu weltweiter Popularität verholfen. Fragt sich bloß, was die Mittelmeerküche wirklich so diätetisch macht? Das viele Olivenöl, die Pasta und die Brotsuppen können ja wohl kaum gemeint sein. Tatsächlich ist es die große Liebe der Mittelmeerbewohner zu Gemüse, die ihre Küche so unnachahmlich gesund und „schlank" macht. Vegetarischer Genuss pur – aber keinesfalls nur für Vegetarier.

SPINAT ALLA ROMANA

Latium

ZUTATEN

800 g Blattspinat

50 g Rosinen

2 EL Pinienkerne

2 Knoblauchzehen, halbiert

3 EL Olivenöl

2 EL Butter

Salz aus der Mühle

Pfeffer aus der Mühle

GARZEIT: 10–12 Minuten

ZUBEREITUNG

• Die Rosinen in Wasser einweichen. Den Spinat verlesen und gut waschen. Nass in einen Topf geben, kurz erhitzen und danach gut abtropfen lassen.

• In einer großen Pfanne Olivenöl erhitzen, Butter darin schmelzen, Knoblauchzehen anbraten, wieder herausnehmen. Nun den abgetropften Spinat im heißen Öl wenden.

• Die Rosinen abtropfen lassen, unter den Spinat mischen und unter ständigem Rühren 10 Minuten bei kleiner Hitze garen. Mit Salz und Pfeffer abschmecken. Die Pinienkerne kurz ohne Fett in einer Pfanne rösten, zugeben und den gebratenen Knoblauch darüber streuen.

MANGOLD MIT KARTOFFELN

Kroatien

ZUTATEN

600 g Mangold

4 Kartoffeln

2 Knoblauchzehen

6 EL Olivenöl

Muskatnuss, gerieben

Meersalz und Pfeffer aus der Mühle

GARZEIT: Kartoffeln 15–18 Min., Mangold ca. 3 Min.

TIPP: Steht kein Mangold zur Verfügung, so eignet sich auch Blattspinat hervorragend für dieses Gericht.

ZUBEREITUNG

• Die Kartoffeln kochen, schälen und warm stellen. Den Mangold sorgfältig waschen, abtropfen lassen und die Stiele entfernen. Die Blätter in kochendem Salzwasser etwa 3 Minuten bissfest kochen. Abgießen und gut abtropfen lassen. Den Knoblauch fein schneiden.

• Die Kartoffeln in Spalten schneiden (achteln) und bei geringer Hitze in eine Pfanne geben. Olivenöl zugießen, salzen und mit dem Mangold und Knoblauch vermischen. Nur mehr erwärmen, nicht mehr garen. Mit Salz, Pfeffer und Muskatnuss abschmecken.

SALBEIKARTOFFELN

Umbrien

ZUTATEN

12 kleinere Kartoffeln

12 frische Salbeiblätter

2 EL Olivenöl

Zitronensaft

Salz und Pfeffer aus der Mühle

BACKOFENTEMPERATUR: 180 °C

BACKZEIT: 45 Minuten

ZUBEREITUNG

• Die ungeschälten Kartoffeln gut waschen. Auf der Längsseite einschneiden und jeweils ein Salbeiblatt hineinstecken. Das Olivenöl mit etwas Zitronensaft, Salz und Pfeffer vermengen.

• Die Kartoffeln in eine feuerfeste Auflaufform setzen und mit dem Öl rundum gut einstreichen. Im vorgeheizten Backofen bei 180 °C ca. 45 Minuten braten. Währenddessen wiederholt mit dem Öl bestreichen.

ROSMARINKARTOFFELN

Italien/Südfrankreich

ZUTATEN FÜR 4–6 PORTIONEN

1 kg kleine, speckige Kartoffeln

2 Rosmarinzweige, gehackt

1 Knoblauchzehe

2 EL Olivenöl

50 g Butter

Salz aus der Mühle

Pfeffer aus der Mühle

Semmelbrösel

GARZEIT: 15–18 Minuten kochen, einige Minuten braten

ZUBEREITUNG

• Die Kartoffeln in der Schale weich kochen, schälen und halbieren. Anschließend in Semmelbröseln wälzen. In einer Pfanne das Olivenöl erhitzen und die Kartoffeln mit der Schnittseite nach unten einlegen. Kurz anbraten, dann die Hitze ein wenig reduzieren und die Kartoffeln schwenken, sodass sie von allen Seiten schön gleichmäßig gebraten werden.

• Sind alle Kartoffeln knusprig, die Butter dazugeben. Mit gehacktem Rosmarin, dem in Scheiben geschnittenen Knoblauch, Salz und Pfeffer würzen und nochmals kurz durchschwenken. Herausheben und auf einem Küchenkrepp gut abtupfen.

TIPP: Achten Sie darauf, dass das Öl wirklich heiß ist. Zu kaltes Öl wird von den Kartoffeln aufgesaugt und lässt sie dadurch nicht knusprig werden.

POMMES DAUPHINOISES (PROVENÇALISCHES KARTOFFELGRATIN)

ZUTATEN FÜR 4–5 PORTIONEN

1 kg Kartoffeln

300 ml Gemüsefond oder -suppe

150 ml Schlagobers

150 ml Milch

100 g Gruyère (oder anderer nicht zu würziger Käse), gerieben

ca. 100 g Butterflöckchen

Salz

Pfeffer aus der Mühle

Olivenöl für die Form

BACKOFENTEMPERATUR: 220 °C
BACKZEIT: 15–20 Minuten

ZUBEREITUNG

• Kartoffeln schälen, in etwa 1–2 mm dicke Scheiben schneiden oder hobeln. In einer Kasserolle Gemüsefond zum Kochen bringen und Kartoffelscheiben darin 7–8 Minuten halb weich kochen, dabei ab und an umrühren, damit sich die Kartoffeln nicht anlegen. Übrig gebliebene Flüssigkeit abgießen, Kartoffeln mit Salz und Pfeffer würzen.

• Eine passende feuerfeste Form mit Öl ausstreichen. Kartoffelscheiben darin schindelartig einlegen, mit etwas geriebenem Käse bestreuen. Einige Butterflöckchen darüber verteilen und abermals mit Kartoffelscheiben belegen. Diesen Vorgang wiederholen, bis alles verbraucht ist.

• Schlagobers mit Milch, Salz und Pfeffer vermengen und über die letzte Lage Kartoffeln gießen. Obenauf restlichen Käse verteilen und mit restlicher Butter belegen. Im auf 220 °C vorgeheizten Backofen 15–20 Minuten goldgelb gratinieren.

GRIECHISCHES KARTOFFELPÜREE

Peloponnes

ZUTATEN

750 g mehlige Kartoffeln

2 Eidotter

Olivenöl nach Bedarf

2–3 Knoblauchzehen

1–2 EL Zitronensaft

Petersilie, grob gehackt

Salz

ZUBEREITUNG

◆ Die Kartoffeln schälen, halbieren und in leicht gesalzenem Wasser weich kochen. In ein Sieb gießen und sofort mit einer Kartoffelpresse oder einer „Flotten Lotte" passieren.

◆ Den Knoblauch fein schneiden oder zerstoßen und mit den Eidottern einrühren. Nun so viel Olivenöl einrühren, dass ein cremiges Püree entsteht. Mit Zitronensaft und Salz abschmecken. Vor dem Servieren noch rasch die gehackte Petersilie unterrühren.

GARZEIT: ca. 15–18 Minuten

TIPP: Wenn man die Eidotter weglässt und das Püree dafür kalt serviert, eignet es sich auch als köstliche Vorspeise, die in Griechenland als klassisches Osteressen gilt.

BOHNEN MIT SESAM

Türkei

ZUTATEN

250 g weiße Bohnen, gekocht

1 Knoblauchzehe

2 EL Traubensaft

2 EL helles Tahin (Sesampaste)

ca. 2 EL Hühner- oder Gemüsesuppe

1 EL Petersilie, gehackt

1 EL Sesamkörner, geröstet

je 1 TL Paprikapulver und Kreuzkümmelsamen

Zitronensaft

Meersalz aus der Mühle

ZUBEREITUNG

◆ Die gekochten Bohnen gut abtropfen lassen und in einen Topf mit dickem Boden geben.

◆ Den Knoblauch hacken und mit Traubensaft, Zitronensaft, Salz und etwas Suppe vermischen. Mit einem Schneebesen unter die Sesampaste rühren. Dabei sollte eine weiche Masse entstehen, andernfalls noch mit etwas Hühnersuppe korrigieren. Die Masse über die Bohnen gießen und bei mittlerer Hitze ca. 5 Minuten erwärmen, aber nicht kochen. Vom Herd nehmen und für 2–3 Stunden ziehen lassen.

◆ Den gerösteten Sesam mit gehackter Petersilie, Paprikapulver und Kreuzkümmel vermischen und vor dem Servieren über die Bohnen streuen.

BOHNEN AUF FLORENTINISCHE ART

Toskana

ZUTATEN FÜR 4–6 PORTIONEN

450 g getrocknete Cannellini-Bohnen (ersatzweise andere
   weiße Bohnen)

2 Knoblauchzehen

1 Stange Lauch (nur das Weiße)

350 g Tomaten, enthäutet, entkernt und gehackt

Meersalz aus der Mühle

Pfeffer

ZUBEREITUNG

◆ Die getrockneten Bohnen in reichlich kaltem Wasser über Nacht einweichen.

◆ Am nächsten Tag den Knoblauch und den Lauch hacken und gemeinsam mit den abgegossenen Bohnen sowie den gehackten Tomaten in eine feuerfeste Form geben.

◆ Kräftig salzen, pfeffern und mit frischem Wasser bedecken. Die Form verschließen und im vorgeheizten Backofen mindestens 1 1/2 Stunden garen.

◆ Heiß servieren.

BACKOFENTEMPERATUR: 200 °C

BACKZEIT: mindestens 1 1/2 Stunden

TIPP: Besonders wohlschmeckend wird dieses Gericht, wenn man zusätzlich noch 100 g durchwachsenen Speck miröstet.

KAROTTENPÜREE

Provence

ZUTATEN

500 g junge Karotten, 1 Zwiebel

ca. 450 ml Rindsuppe

1 Sträußchen aus Petersilie, Lorbeerblatt und Thymian

50 g Rundkornreis

50 g Butter

Meersalz und Pfeffer aus der Mühle

Zucker

Butterflocken zum Vollenden

einige Kerbelblättchen zum Garnieren

GARZEIT: ca. 35 Minuten

ZUBEREITUNG

◆ Geputzte Karotten in dünne Scheiben schneiden, Zwiebel fein hacken. In einem Topf die Butter zerlassen, Zwiebeln und Karotten zugedeckt bei mittlerer Hitze anschwitzen. Die kochend heiße Rindsuppe zugießen, das Sträußchen einlegen und mit einer Prise Zucker, Salz sowie Pfeffer würzen. Etwa 15 Min. zugedeckt kochen lassen.

◆ Dann den Reis zugeben und weitere 20 Minuten ohne Deckel kochen lassen. Das Kräutersträußchen wieder entfernen und alles durch ein Sieb passieren. Nochmals abschmecken, einige Butterflocken unterrühren und mit Kerbelblättern garnieren.

SELLERIEPÜREE

Slowenien

ZUTATEN FÜR 4–6 PORTIONEN

750 g Knollensellerie

250 g mehlige Kartoffeln

200 g Butter, wenig Milch

Salz aus der Mühle , weißer Pfeffer aus der Mühle

Muskatnuss, gerieben

Spritzer Zitronensaft

GARZEIT: 12–15 Minuten

ZUBEREITUNG

◆ Kartoffeln und Sellerie schälen und in ca. 3 cm große Würfel schneiden. Leicht gesalzenes Wasser mit einem Schuss Milch vermengen und das Gemüse darin weich kochen.

◆ Danach in eine Küchenmaschine geben, mit Salz, Pfeffer, Muskatnuss und einem Spritzer Zitronensaft würzen und mit der kalten Butter fein aufmixen.

TIPP: Mixen Sie das Püree nicht zu lange, sonst wird es klebrig.

ZUCCHINIAUFLAUF

Griechenland

ZUTATEN

1 kg kleine Zucchini

200 g Schafkäse

5 Eier

2 EL Milch

Salz und Pfeffer aus der Mühle

Olivenöl

BACKOFENTEMPERATUR: 190 °C
BACKZEIT: ca. 45 Minuten

ZUBEREITUNG

◆ Gewaschene Zucchini grob raspeln und fest ausdrücken, bis die Masse nahezu trocken ist. Den Schafkäse zerbröckeln und mit den Zucchini vermischen. 4 (!) Eier mit 3 EL Olivenöl verquirlen und in die Zucchinimasse einrühren. Mit frisch gemahlenem Salz und Pfeffer abschmecken.

◆ Eine feuerfeste Form mit Olivenöl ausstreichen und die Masse einfüllen. Das restliche Ei mit der Milch verquirlen und über die Masse gießen. Im auf 190 °C vorgeheizten Backofen ca. 45 Minuten goldbraun backen.

GEFÜLLTE ZUCCHINIBLÜTEN

Ligurien

ZUTATEN

8 Zucchiniblüten

2 kleine Zucchini

2 mehlige Kartoffeln

1 Bund Basilikum

1 EL Majoran, frisch gehackt

1 EL Parmesan, frisch gerieben

1 Ei

2 Knoblauchzehen

Olivenöl

Salz aus der Mühle

Pfeffer aus der Mühle

BACKOFENTEMPERATUR: 250 °C

BACKZEIT: 3–4 Minuten

ZUBEREITUNG

◆ Zucchiniblüten kurz in kaltes Wasser tauchen, in einem Sieb gut abtropfen lassen und die Blütenstempel ausschneiden.

◆ Die ungeschälten Kartoffeln in Salzwasser weich kochen. Zucchini klein schneiden und mit etwas Wasser und einer Prise Salz weich garen. Abkühlen lassen und pürieren. Gekochte, heiße Kartoffeln schälen, durch die Kartoffelpresse drücken und unter das Zucchinipüree mischen.

◆ Basilikum in feine Streifen schneiden und mit dem gehackten Majoran unter das Püree mischen. Knoblauch zerdrücken und gemeinsam mit Parmesan, Ei und 2 EL Olivenöl unterrühren. Mit Salz und Pfeffer abschmecken.

◆ Eine feuerfeste Form mit Olivenöl ausstreichen. Die Zucchiniblüten mit dem Püree füllen und nebeneinander in die Form setzen. Mit Olivenöl beträufeln und im auf 250 °C vorgeheizten Backofen etwa 3–4 Minuten überbacken. Heiß servieren.

GESCHMORTE TOMATEN MIT ZIEGENKÄSE
UND JUNGEM KNOBLAUCH

Südfrankreich

ZUTATEN

4 fleischige Tomaten

1 Thymianzweig, 1 Rosmarinzweig

2 Lorbeerblätter

100 ml Traubensaft

1 Rolle Ziegenfrischkäse St. Maure (oder anderer Ziegenkäse)

1 Knolle junger Knoblauch

10 Oliven, entkernt, Olivenöl

Meersalz und Pfeffer aus der Mühle

BACKOFENTEMPERATUR: 180 °C
BACKZEIT: 10 Minuten

ZUBEREITUNG

• Die Knoblauchknolle halbieren und in einer feuerfesten Form in Olivenöl kurz anbraten. Die Tomaten halbieren und den Strunk entfernen. In die Form geben, würzen und bei 180 °C in den vorgeheizten Backofen schieben.

• Nach 5 Minuten den Traubensaft angießen, Oliven und Kräuter dazugeben, nochmals 5 Minuten schmoren. Aus dem Ofen nehmen und den Ziegenfrischkäse darüber bröseln.

• Kurz stehen lassen, bis der Käse leicht anschmilzt und dann servieren.

MELANZANE ALLA PARMIGIANA

Kampanien

ZUTATEN

ca. 500 g Melanzani

300 g fleischige Tomaten

3–4 Knoblauchzehen

getrockneter Oregano

1 Sträußchen frisches Basilikum, geschnitten

1 getrocknete Chilischote

ca. 200 g italienischer Hartkäse (Parmesan, Grana oder Pecorino), frisch gerieben

Olivenöl

Meersalz aus der Mühle

Pfeffer

BACKOFENTEMPERATUR: 220 °C
BACKZEIT: ca. 20 Minuten

ZUBEREITUNG

• Melanzani waschen, trocken tupfen und in ca. 1 cm dicke Scheiben schneiden. Beidseitig kreuzweise einschneiden, salzen und auf beiden Seiten einige Minuten auf Küchenkrepp legen, um die Bitterstoffe zu entziehen.

• In eine Pfanne mindestens 1 cm hoch Olivenöl erhitzen. Melanzani portionsweise (nie 2 Scheiben aufeinander legen!) beidseitig goldbraun frittieren, herausheben und auf doppelt gefaltetem Küchenkrepp gut abtropfen lassen.

• Für die Tomatensauce Tomaten kurz überbrühen, schälen, entkernen und würfeln. Knoblauch und Chilischote fein hacken und in wenig Olivenöl anbraten, Tomaten zufügen, mit Meersalz, Pfeffer sowie einer Prise Oregano würzen und so lange einkochen, bis eine sämige Sauce entsteht.

• Den Boden einer Auflaufform mit etwas Tomatensauce bedecken. Darauf eine Lage gesalzene Melanzanischeiben legen, diese wieder mit Sauce bedecken und mit Basilikum sowie frisch geriebenem Käse bestreuen. Diesen Vorgang wiederholen, bis alle Zutaten aufgebraucht sind. Mit einer dicken Schicht Käse abschließen. Die Form in den auf 220 °C vorgeheizten Backofen stellen und ca. 20 Minuten überbacken, bis der Käse goldbraun und knusprig ist.

ÜBERBACKENE MELANZANI

Umbrien

ZUTATEN

2 Melanzani

2–3 Tomaten

1 Knoblauchzehe, fein gehackt

1 EL Petersilie, fein gehackt

1 EL Basilikum, fein geschnitten

4 EL Parmesan, frisch gerieben

Pflanzenöl zum Herausbacken

Olivenöl

Meersalz und Pfeffer aus der Mühle

Balsamicoessig

BACKOFENTEMPERATUR: 160 °C mit Oberhitze
BACKZEIT: 3–4 Minuten

ZUBEREITUNG

◆ Die gut gewaschenen Melanzani in Scheiben schneiden, einsalzen, auf ein Tuch geben und etwa 1 Stunde auswässern lassen. Trocken tupfen, in heißem Pflanzenöl von beiden Seiten goldgelb backen und auf einem Küchenpapier abtropfen lassen.

◆ Die Tomaten überbrühen, schälen, entkernen und in Würfel schneiden. Den gehackten Knoblauch sowie Petersilie untermengen. Mit etwas Olivenöl, Meersalz, Pfeffer sowie einem Schuss Balsamicoessig abschmecken und in einem Sieb abtropfen lassen.

◆ Die Melanzani in eine mit Olivenöl ausgestrichene feuerfeste Form einlegen, die Tomaten darauf verteilen und mit frisch geriebenem Parmesan bestreuen. Im auf 160 °C vorgeheizten Backofen ca. 3–4 Minuten mit Oberhitze überbacken. Basilikum darüber streuen und servieren.

GESCHMORTE BABYARTISCHOCKEN MIT ROSMARIN

Provence

ZUTATEN

8 Babyartischocken
6–8 Knoblauchzehen
200 ml Geflügelfond
2 Lorbeerblätter
5 Rosmarinzweige
Saft von ½ Zitrone
Weißwein
Olivenöl
Meersalz aus der Mühle
Pfeffer aus der Mühle

GARZEIT: ca. 10 Minuten

TIPP: Die Garungsdauer ist selbst bei Artischocken gleicher Größe oft äußerst unterschiedlich. Probieren Sie daher wiederholt mit einer Gabel, welche Artischocke bereits weich gegart ist.

ZUBEREITUNG

◆ Die harten Außenblätter der Artischocken entfernen und von den restlichen Blättern die Spitzen abschneiden. Das Heu entfernen und Artischocken halbieren.

◆ In einer Pfanne die zerdrückten Knoblauchzehen in Olivenöl leicht anrösten, die Artischocken dazugeben und mit einem Schuss Weißwein ablöschen. Zitronensaft, Lorbeerblätter und die Hälfte des Rosmarins beigeben. Den Geflügelfond zugießen, mit etwas Meersalz würzen und zugedeckt langsam etwa 10 Minuten weich schmoren. Währenddessen die Artischocken von Zeit zu Zeit wenden. Sollte die ganze Flüssigkeit verdampft sein, etwas Wasser zugießen.

◆ Sind alle Artischocken weich gekocht, die Lorbeerblätter und Rosmarinzweige wieder aus dem Fond nehmen und die Artischocken anrichten. Die restliche Hälfte des Rosmarins zupfen, fein hacken und in den Fond einrühren. Bei Bedarf nochmals etwas Wein oder Wasser zugießen und kurz einkochen lassen. Nach Belieben mit Meersalz und etwas Pfeffer aus der Mühle abschmecken und mitsamt dem Knoblauch über die angerichteten Artischocken träufeln.

ÜBERBACKENER FENCHEL

Toskana

ZUTATEN

4 Fenchelknollen

Saft von ½ Zitrone

400 g Pelati (Tomaten aus der Dose) oder geschälte
   Fleischtomaten

1 Bund Petersilie

3 EL Parmesan, frisch gerieben

4 EL Semmelbrösel

1 Zwiebel

2 Knoblauchzehen

Olivenöl

Meersalz aus der Mühle

Pfeffer

BACKOFENTEMPERATUR: 200 °C

GARZEIT: 20 Minuten kochen, 20 Minuten backen

ZUBEREITUNG

◆ Die Fenchelknollen längs halbieren, die äußeren Blätter sowie Stiele entfernen und das Fenchelgrün aufbewahren. Etwa 1 Liter Salzwasser mit dem Zitronensaft aufkochen und den Fenchel darin ca. 20 Minuten garen. Herausheben, abtropfen lassen und den Sud aufbewahren.

◆ Eine feuerfeste Form mit Olivenöl ausstreichen. Tomaten aus der Dose abtropfen lassen, grob zerteilen und in die Form geben. Die Fenchelhälften hineinsetzen, mit ca. 125 ml Fenchelsud beträufeln und kräftig mit Salz und Pfeffer würzen.

◆ Petersilie, Fenchelgrün, Zwiebel und Knoblauchzehen fein hacken. Zwiebeln und Knoblauch in etwas Olivenöl anschwitzen. Die Semmelbrösel einrühren und goldbraun rösten. Die Pfanne vom Herd nehmen, Kräuter und Parmesan einmengen und alles über die Fenchelhälften verteilen. Im auf 200 °C vorgeheizten Backofen etwa 20 Minuten backen.

BRIAMI (GRIECHISCHES OFENGEMÜSE)

Kreta

ZUTATEN

2 Melanzani

3 Zucchini

2 grüne Paprikaschoten

5 Tomaten

1 Oreganozweig

2–3 Petersilienzweige

400 g kleine Kartoffeln

200 g grüne Bohnen

Feta-Käse nach Wunsch

2 Knoblauchzehen

Olivenöl

Meersalz aus der Mühle

Pfeffer aus der Mühle

BACKOFENTEMPERATUR: 180 °C
BACKZEIT: 50 Minuten

ZUBEREITUNG

◆ Die gut gewaschenen Melanzani, Zucchini und Kartoffeln in ca. 1/2 cm dicke Scheiben schneiden. Die Tomaten blanchieren (kurz überbrühen), enthäuten und die Hälfte davon in kleine Würfel schneiden. Die Paprikaschoten entstielen, entkernen und in Streifen schneiden. Die grünen Bohnen putzen, in Stücke schneiden und kurz in Salzwasser blanchieren.

◆ Die Gemüse schichtweise in eine feuerfeste Form geben, grob geschnittene Petersilie dazwischen streuen und jede Schicht salzen und pfeffern. Restliche Tomaten in Scheiben schneiden und als Abschluss darauf legen. Den gezupften Oregano darüber streuen. Knoblauch mit etwas Olivenöl in einem Mörser zerkleinern und über die Tomaten verteilen. Mit frisch gemahlenem Meersalz und Pfeffer würzen.

◆ Im vorgeheizten Backofen bei 180 °C zunächst etwa 30 Minuten mit Alufolie abgedeckt backen. Dann Folie abnehmen, nach Wunsch mit etwas zerbröseltem Feta bestreuen und nochmals weitere 20 Minuten backen.

PEPERONATA

Italien

ZUTATEN

je 2 Paprikaschoten, gelb, rot und grün

6 Knoblauchzehen, halbiert

1 Zwiebel

1 kg Tomaten

60 g schwarze Oliven, entkernt und halbiert

200 ml Olivenöl

1 Prise Zucker

Salz aus der Mühle

Pfeffer aus der Mühle

Paprikapulver

GARZEIT: ca. 30 Minuten

ZUBEREITUNG

◆ Die Paprikaschoten entstielen, entkernen und achteln. Die Tomaten überbrühen, schälen, entkernen und wie die Zwiebel klein hacken. Knoblauch und Zwiebeln im heißen Öl anschwitzen.

◆ Paprika in die Pfanne geben, durchrühren und 5 Minuten dünsten. Tomaten und Oliven zugeben. Mit Salz, Pfeffer, Paprikapulver und einer Prise Zucker würzen und köcheln lassen, bis ein sämiges Ragout entsteht.

TIPPS:

◆ Manche mögen Peperonata heiß (vor allem zu Fleischgerichten), andere wiederum reichen sie als vitaminhältigen Bestandteil einer kalten Vorspeisenplatte.

◆ Sollten die Tomaten nicht genügend Saft besitzen, so ersetzen Sie die fehlende Flüssigkeit, indem Sie mit Weißwein oder Gemüsefond aufgießen.

RATATOUILLE

Nizza

Foto rechts

ZUTATEN

400 g Zwiebeln

1 rote Paprikaschote

1 gelbe Paprikaschote

1 Aubergine (ca. 300 g)

300 g Zucchini

1 kleine Dose Pelati (geschälte Tomaten)

125 ml Tomatensaft

5 EL Olivenöl

ca. 1 EL Zucker

1 Bund Thymian, gehackt

1 Bund Basilikum, gehackt

40 g Parmesan, frisch gerieben

Salz aus der Mühle

Pfeffer aus der Mühle

Olivenöl, kalt gepresst, zum Vollenden

GARZEIT: ca. 15–20 Minuten

ZUBEREITUNG

◆ Die Paprikaschoten waschen, halbieren, Kerne entfernen und würfelig schneiden. Aubergine waschen, nach Bedarf schälen und in gleich große Würfel wie die Paprikaschoten schneiden (1–2).

◆ Die Zwiebeln in feine Würfel schneiden. Olivenöl erhitzen und die Zwiebeln darin glasig dünsten (3). Auberginen und Paprikaschoten zu den Zwiebeln geben und etwa 5 Minuten bei leicht reduzierter Hitze mitanschwitzen (4).

◆ Inzwischen die Zucchini putzen, waschen, ebenfalls in Würfel schneiden und zugeben (5). Tomaten mitsamt der Flüssigkeit und dem Tomatensaft dazugeben (6). Mit Salz, Pfeffer, Zucker sowie gehacktem Thymian würzen und bei mittlerer Hitze 10–15 Minuten dünsten, bis das Gemüse sämig wird.

◆ Vor dem Servieren die frisch geschnittenen Basilikumblätter sowie den Parmesan einrühren. Mit einem Schuss Olivenöl vollenden.

LOB DER RATATOUILLE

Wer in südfranzösischen Rezeptsammlungen stöbert, der stößt fast zwangsläufig auf das magische Wörtchen **Ratatouille.** Es beschwört die Düfte und Aromen der „Cuisine du Soleil", die Farbpalette eines Marc Chagall und die schwelgerische Poetik der Romane von Marcel Pagnol herauf. An der „idealen Ratatouille" haben sich, bei aller Einfachheit dieses bunten Schmortopfs aus Auberginen, Paprikaschoten, Tomaten, Zucchini, Zwiebeln, Knoblauch und Thymian schon viele Spitzenköche, selbst solche mit drei Sternen, die Zähne ausgebissen. Doch letztlich ist die Ratatouille kein Kind kulinarischer Verfeinerung, sondern bleibt eine Domäne der Bonne femme (franz. Hausfrau). Sie hat das Rezept wahrscheinlich schon von ihrer Großmutter übernommen und drängt damit auch keineswegs nach den höheren Weihen der Feinschmeckerei. Sie will für ihre Familie lediglich eines zubereiten: einen guten Topf von einer guten Frau.

LA DOLCE VITA

SÜSSE GENÜSSE VON CANTUCCINI BIS SGROPPINO

Dass die mediterrane Küche nicht an Olivenöl spart, ist sattsam bekannt. Doch sie spart auch nicht an Zucker. Er wurde in den Märchenländern aus 1001 Nacht vor allem als genussreicher Ersatz für den vom Prophe-ten Mohammed verbotenen Alkohol geschätzt und verbreitete sich von Arabien aus schon im Mittelalter über nahezu den gesamten Mittelmeerraum. Südliche Desserts sind daher bis heute zumeist besonders süß, aber durch die großzügige Verwendung von Früchten, Mandeln und Gewürzen auch besonders aromatisch.

CANTUCCINI AMARETTI (MANDELKEKSE)

Toskana

ZUTATEN

200 g Mandelstifte

3 Eier

250 g Zucker, 3 EL Vanillezucker

1 Prise Salz

Schale von 1 unbehandelten Zitrone, abgerieben

ca. 400 g Mehl, glatt

$^1/_2$ Päckchen Backpulver

BACKOFENTEMPERATUR: 170–180 °C

BACKZEIT: ca. 35 Minuten

TIPP: Da die Kekse relativ bissfest bzw. knusprig geraten sollen, schmecken sie etwa zu Vin Santo (ital. Süßwein) besonders gut. Nach italienischer Sitte taucht man sie dabei kurz in den Wein und genießt sie dann als Weingebäck. Übrig gebliebene Kekse sollten möglichst luftdicht aufbewahrt werden.

ZUBEREITUNG

• Mandelstifte in einer beschichteten Pfanne ohne Fettzugabe kurz anrösten und wieder auskühlen lassen.

• Eier in Eidotter und Eiklar trennen. Eidotter mit Zucker und Vanillezucker schaumig rühren. Eiklar mit einer Prise Salz zu steifem Schnee schlagen und nach und nach unter die Eiermasse heben. Geröstete Mandelstifte und abgeriebene Zitronenschale untermengen. Das Mehl gemeinsam mit dem Backpulver versieben, unter die Masse mischen und zu einem glatten, nicht zu weichen Teig kneten (eventuell noch etwas Mehl zugeben).

• Aus dem Teig Rollen mit etwa 2 cm Stärke formen, auf ein mit Backpapier ausgelegtes Backblech legen und im auf 170–180 °C vorgeheizten Backofen ca. 35 Minuten backen.

• Sobald die Oberfläche leicht angebräunt ist, Backblech herausnehmen und die Rollen sofort in ca. 1 cm breite Stücke schneiden (es ergeben sich ca. 70 Stück). Abkühlen lassen.

GIBANICA (VIERLINGSSTRUDEL)

Slowenien

ZUTATEN

250 g Strudelteigblätter
100 ml Schlagobers zum Begießen
100 ml Schlagobers und etwas Staubzucker zum Garnieren
zerlassene Butter für die Form und zum Bestreichen

FÜR DIE APFELFÜLLE

300 g Äpfel, geschält
20 g Butter
30 g Kristallzucker
etwas Zimtpulver und abgeriebene Zitronenschale

FÜR DIE TOPFENFÜLLE

300 g Topfen
2 Eier
30 g Kristallzucker
50 g Sauerrahm
1 EL Rosinen

FÜR DIE NUSSFÜLLE

100 g Nüsse, gerieben
30 g Kristallzucker
50 g Sauerrahm

FÜR DIE MOHNFÜLLE

100 g Mohn, gemahlen
etwas Milch
30 g Kristallzucker
1 Päckchen Vanillezucker
50 g Sauerrahm

ZUBEREITUNG

• Für die Apfelfülle dünnblättrig geschnittene Äpfel einige Minuten in Butter und Zucker kernweich dünsten. Mit Zimt sowie abgeriebener Zitronenschale abschmecken.

• Für die Topfenfülle den mit einer Gabel zerdrückten Topfen mit Eiern, Zucker und Rahm schaumig rühren und Rosinen unterheben.

• Für die Nussfülle geriebene Nüsse mit Zucker und Sauerrahm vermischen.

• Für die Mohnfülle den gemahlenen Mohn in etwas heißer Milch aufkochen lassen.

• Eine passende Kastenform mit zerlassener Butter ausstreichen und den Boden mit einem Strudelblatt belegen. Nunmehr jeweils eine Schicht Fülle sowie jeweils ein mit zerlassener Butter bestrichenes Strudelblatt einfüllen, und zwar in folgender Reihenfolge: Nuss – Apfel – Topfen – Mohn – Topfen – Apfel – Nuss. Die Mohnfülle in der Mitte also auf einmal auftragen. Dabei mit Zucker sowie Vanillezucker bestreuen und mit Sauerrahm beträufeln.

• Abschließend ein letztes Strudelblatt auflegen, mit Schlagobers übergießen und die Gibanica im vorgeheizten Backofen bei 190 °C etwa 60 Minuten lang backen. Erkalten lassen, stürzen und in ca. 2 cm dicke Scheiben aufschneiden. Mit geschlagenem und leicht gezuckertem Obers servieren.

BACKOFENTEMPERATUR: 190 °C
BACKZEIT: ca. 60 Minuten

LIMONENTARTE

Languedoc

ZUTATEN

125 g Butter, raumtemperiert
150 g Mehl, griffig
100 g Maisstärke
100 g Kristallzucker
1 Ei
etwas Milch nach Bedarf
Butter für die Form

FÜR DIE CREME

6 Eidotter
250 g Crème fraîche
40 g Maisstärke
250 g Kristallzucker
Saft von 3 Limonen (ersatzweise Zitronen)

ZUBEREITUNG

◆ Für den Teig Mehl mit Maisstärke versieben. Mit Butter, Zucker, Ei und nach Bedarf etwas Milch rasch zu einem glatten Teig verkneten. In Klarsichtfolie einschlagen und ca. 30 Minuten im Kühlschrank rasten lassen.

◆ Währenddessen für die Limonencreme die Dotter mit Zucker, Maisstärke, Zitronensaft und Crème fraîche zu einer sämig-cremigen Masse aufschlagen.

◆ Teig so auswalken, dass sich damit eine zuvor gut befettete Tortenspringform auslegen lässt. Teig am Rand hochziehen und rundum einen Wulst formen. Limonencreme gleichmäßig über den Teig verteilen und die Tarte im auf 200 °C vorgeheizten Backofen 35 Minuten lang backen. Dabei Hitze nach etwa 10 Minuten auf 180 °C reduzieren. Während der ersten Hälfte der Backzeit ein Stück Alufolie über die Tarte legen, damit sie nicht zu braun wird.

BACKOFENTEMPERATUR: 200 °C auf 180 °C fallend
BACKZEIT: ca. 35 Minuten

BAKLAVA

Türkei

ZUTATEN

300 g Butter, zerlassen
500 g Mehl, glatt
100 g Joghurt
4 Eier
250 g Pistazien, Mandeln oder Walnüsse, fein gehackt
200 ml Wasser
Butter für das Backblech
frisch gehackte Pistazien und Nüsse zum Garnieren

FÜR DEN SIRUP

250 ml Wasser
300 g Kristallzucker
Saft von 1 Zitrone

BACKOFENTEMPERATUR: 170 °C
BACKZEIT: ca. 30 Minuten

ZUBEREITUNG

• Das Mehl auf eine Arbeitsfläche sieben und in der Mitte eine Delle eindrücken. Joghurt, Eier, zerlassene Butter und Wasser in die Delle geben und alles von der Mitte aus mit beiden Händen zu einem geschmeidigen Teig kneten. Eine lange Rolle formen, in ca. 20 gleichmäßige Scheiben teilen und jede Scheibe messerrückendick ausrollen.

• Ein Backblech gut befetten. Eine Teigplatte auflegen, diese mit den fein gehackten Nüssen, Pistazien etc. bestreuen und wieder mit einer Teigplatte belegen. So weiter verfahren, bis die letzte Teigplatte verbraucht ist. Die oberste Lage nicht mehr bestreuen.

• Baklava in kleine, mundgerechte Rechtecke vorschneiden und im vorgeheizten Backofen bei 170 °C etwa 30 Minuten backen. Danach gut auskühlen lassen.

• Für den Sirup Zucker mit Wasser verkochen, bis sich der Zucker nach etwa 5 Minuten vollständig aufgelöst hat. (Bei Bedarf noch etwas Wasser hinzufügen). Mit Zitronensaft vermischen und gleichmäßig über die Baklava gießen. Über Nacht gut durchziehen lassen.

• Die Baklava erst kurz vor dem Servieren mit frisch gehackten Pistazien und Nüssen bestreuen.

MOUSSE AU CHOCOLAT

Frankreich

ZUTATEN

5 Eidotter

60 g Staubzucker

130 g dunkle Schokolade

300 ml Schlagobers

ZUBEREITUNG

◆ Eidotter gemeinsam mit Staubzucker in eine Schüssel geben und zuerst über heißem Wasserbad warm, dann über Eis kalt schaumig aufschlagen.

◆ Die Schokolade im Wasserbad sanft (nicht über 30 °C) temperieren und mit der Dottermasse glatt verrühren. Obers schlagen, unterheben und die Mousse mindestens 3 Stunden kühlen lassen.

◆ Mit einem in heißes Wasser getauchten Suppenlöffel Nocken ausstechen und anrichten.

TIPP: Nach demselben Grundrezept lassen sich selbstverständlich auch Mousses aus den unterschiedlichsten Schokoladesorten zubereiten. So bieten etwa Bitter-, Milch-, Orangen-, Cappuccino-, Trauben- oder Limettenschokolade interessante Variationsmöglichkeiten. Bei der Verwendung von weißer Schokolade empfiehlt sich die Beigabe von 3 Blatt Gelatine.

PANNA COTTA

Toskana

ZUTATEN

125 ml Milch

500 ml Schlagobers

75 g Kristallzucker

2 Gelatineblätter

1 EL Grand Marnier oder Cointreau (Orangenlikör)

2 Vanilleschoten

Zitronen- und Orangenschale, abgerieben

ZUBEREITUNG

• Gelatineblätter in kaltem Wasser einweichen. Vanilleschoten der Länge nach halbieren und das Mark auskratzen. Milch mit Zucker sowie Vanillemark zum Kochen bringen und abseihen. Schlagobers, Zitronen- sowie Orangenschale hinzufügen und nochmals aufkochen.

• Die ausgedrückte Gelatine darin auflösen und mit Grand Marnier verfeinern.

• In Dariol- oder Portionsformen gießen und 3–4 Stunden kalt stellen.

• Vor dem Servieren kurz in heißes Wasser halten und auf den Teller stürzen.

TIPP: Ergänzen Sie die subtile Geschmacksnote der Panna cotta durch aromastarke Fruchtsaucen aus Erd-, Him- oder Waldbeeren. Ev. mit Zitronenmelisse garnieren.

TIRAMISU („ZIEH-MICH-HINAUF"-CREME)

Venedig

ZUTATEN

4 Eidotter

60 g Kristallzucker

40 g Staubzucker

500 g Mascarpone

ca. 30 Biskotten

4 cl Rum

ca. 250 ml Kaffee zum Tunken

Kakao zum Bestreuen

ZUBEREITUNG

♦ Eidotter mit Kristallzucker sehr schaumig aufschlagen. Mascarpone langsam einrühren.

♦ In einem Suppenteller Kaffee mit Rum und Staubzucker vermengen.

♦ Den Boden einer Form mit Biskotten auslegen und dabei jede Biskotte vor Verwendung kurz in den Kaffee tauchen. Einen Teil der Creme einfüllen, glatt streichen und wieder mit getränkten Biskotten bedecken. Diesen Vorgang wiederholen, bis alles verbraucht ist. Mit Creme abschließen. Glatt streichen und mindestens 2–3 Stunden kalt stellen.

♦ Kurz vor dem Servieren mit Kakao bestreuen und in Rechtecke schneiden oder Nockerl ausstechen.

VARIATIONSMÖGLICHKEITEN:

• Ersetzen Sie zur Abwechslung einmal den Kaffee durch eine fruchtige Erdbeersauce, die mit Grand Marnier aromatisiert wird, oder – speziell zur Weihnachtszeit – durch Zwetschkensauce, mit duftendem Zimt verfeinert.

• Für Marillentiramisu werden in Butter und Zucker karamellisierte Marillenspalten (2–3) mit einem Schuss Marillenschnaps verfeinert und zusätzlich zu den getränkten Biskotten und der Mascarponecreme (4) eingefüllt. Besonders nett sieht diese Dessertcreme aus, wenn sie in dekorativen Gläsern (5 angerichtet und beispielsweise mit Kaffeeeis (6) garniert wird.

• Analog zu den Marillen lassen sich aber auch Erdbeeren, Zwetschken oder andere Früchte zu feinem Tiramisu verarbeiten.

PORTUGIESISCHE EIERCREME

ZUTATEN

250 g Kristallzucker

125 ml Wasser

14 Eidotter

2 EL Mehl, glatt

TIPP: Die so entstandene puddingartige Creme kann – wieder erkaltet – aus kleinen Schälchen gelöffelt oder aber auch für Füllungen aller Art (Mürbteig-schiffchen, Teigröllchen etc.) verwendet werden.

ZUBEREITUNG

◆ Zucker mit Wasser aufkochen (spinnen), bis die Flüssigkeit von einem eingetauchten und wieder hoch gehobenen Kochlöffel in einem feinen Faden herunterläuft und einen Tropfen bildet. Den aufgekochten Zucker vom Herd nehmen und abkühlen lassen.

◆ Eidotter schaumig schlagen und nach und nach in das lauwarme Zuckerwasser einschlagen. Vorsichtig das gesiebte Mehl hinzufügen. Alles unter ständigem Rühren auf mittlerer Flamme erneut erwärmen (aber keinesfalls zum Kochen bringen!), bis sich die Masse vom Topfrand löst. Auskühlen lassen.

GALAKTOBOUREKO

Griechenland

ZUTATEN FÜR 8–10 PORTIONEN

1 Paket Filo-Teigblätter

3 Eier

250 g Kristallzucker

100 g Hartweizengrieß

1 l Milch

Mark von 1 Vanilleschote

Saft und Schale von 1 Zitrone

1 Stange Zimt

ca. 125 ml Wasser

1 Prise Salz

ca. 150 g Butter zum Bestreichen

BACKOFENTEMPERATUR: 180 °C

BACKZEIT: ca. 40 Minuten

ZUBEREITUNG

◆ Eier mit 150 g (!) Zucker schaumig schlagen und den Grieß untermengen. Milch mit ausgekratztem Vanillemark, abgeriebener Zitronenschale und einer Prise Salz aufkochen lassen. Eier-Grieß-Masse einrühren und unter ständigem Rühren sämig einkochen. Vom Herd nehmen und überkühlen lassen. Dabei gelegentlich umrühren.

◆ Butter schmelzen. Die Teigblätter auf Küchentüchern ausbreiten, befeuchten und kurz rasten lassen. Die Hälfte der Blätter überlappend auf das gut befettete Backblech legen und gründlich mit Butter bepinseln. Grießmasse gleichmäßig auf den Teig streichen und die äußeren Ränder nach innen schlagen.

◆ Die restlichen Teigblätter ebenfalls beidseitig mit Butter bepinseln, darüber legen, Ränder nach unten einschlagen. Mit einem scharfen Messer in portionsgerechte kleine Quadrate schneiden und im vorgeheizten Backofen bei 180 °C etwa 40 Minuten lang backen.

◆ In der Zwischenzeit den restlichen Zucker mit 125 ml Wasser, Zitronensaft und Zimtstange 2 Minuten lang kochen. Abkühlen lassen, Zimtstange entfernen und den Grießkuchen noch ofenwarm mit der Flüssigkeit beträufeln. Dann erst abkühlen lassen und kalt servieren.

ZABAIONE

Italien

ZUTATEN

3 Eidotter

50 g Kristallzucker

ca. 6 cl Wein

Minzeblätter zum Garnieren, nach Belieben

ZUBEREITUNG

◆ Eidotter in einer Schüssel mit Zucker sowie Wein vermengen und über Dampf zu einem kompakten, warmen Schaum aufschlagen.

◆ In Gläser füllen und beliebig, etwa mit Minzeblättern, garnieren.

TIPPS:

◆ Was die Auswahl des Weines betrifft, so lassen sich je nach verwendetem Wein (roter oder weißer Portwein, Marsalawein, Traminer, Muskateller, Riesling, aber auch Honig als Zugabe) mithilfe dieses Grundrezepts interessante, auch regional verschiedene Geschmacksnoten erzielen.

◆ Zabaione, oft auch Zabaglione geschrieben, wird nicht nur als eigenständiges Dessert, garniert mit Biskotten, Cantucci oder anderem Gebäck, gereicht, sondern auch gerne als Garnierung für andere Desserts verwendet.

CRÈME BRÛLÉE

Südfrankreich

ZUTATEN

250 ml Schlagobers

250 ml Crème fraîche

$\frac{1}{2}$ Vanilleschote

50 g Vanillezucker

50 g Kristallzucker

4 Eidotter

40 g brauner Rohrzucker

BACKOFENTEMPERATUR: 150 °C, dann maximale Oberhitze (Grillschlange)

BACKZEIT: ca. 30 Min., einige Minuten karamellisieren

TIPP: Die Crème brûlée schmeckt noch besser, wenn Sie statt fertigem Vanillezucker aus dem Päckchen selbst gemachten verwenden. Die Herstellung ist keine Hexerei. Für 500 g Vanillezucker kratzen Sie einfach das Mark aus zwei ganzen Vanilleschoten und aromatisieren den Zucker mit den übrig gebliebenen leeren Schoten, indem Sie ihn einfach in einem verschlossenen Glas mehrere Wochen lang stehen lassen. Das übrig gebliebene Mark können Sie anderweitig (z. B. für die Herstellung von Vanilleeis/Vanillepudding) verwenden.

ZUBEREITUNG

⬥ Vanilleschote längs halbieren und das Mark auskratzen. Schlagobers mit Crème fraîche, Vanillemark und -schote langsam aufkochen. Topf von der Herdplatte nehmen, Deckel aufsetzen und etwa 15 Minuten lang ziehen lassen. Dann Vanilleschote entfernen.

⬥ Eidotter mit Kristall- und Vanillezucker schaumig schlagen, mit dem Schneebesen vorsichtig unter die Obersmasse rühren und gut verquirlen. Masse in feuerfeste Portionsförmchen füllen und diese in ein mit heißem Wasser gefülltes Gefäß (Wasserbad) stellen. Das Wasser sollte bis knapp über die Hälfte der Förmchen reichen.

⬥ Im auf 150 °C vorgeheizten Backofen ca. 30 Minuten garen, bis die Schlagoberscreme fest, aber noch elastisch ist. Bei Zimmertemperatur auskühlen lassen und mindestens 6, besser 12 Stunden aromageschützt kalt stellen.

⬥ Rohrzucker über die Creme streuen und bei maximaler Oberhitze (Grillschlange zuschalten) gratinieren, bis der Zucker goldgelb und knusprig karamellisiert ist.

⬥ Förmchen wieder herausnehmen. Etwa 10 Minuten bei Zimmertemperatur auskühlen lassen und abermals ca. 30 Minuten in den Kühlschrank stellen. Kalt servieren.

SGROPPINO

Friaul/Venetien

ZUTATEN

500 g Zitroneneis

6 cl Wodka

100 ml Prosecco

80 ml Schlagobers

ZUBEREITUNG

⬥ Vier Sektflöten im Tiefkühlschrank gut vorkühlen. Inzwischen in einem Gefäß mit Ausguss-Schnabel (Messbecher etc.) das Zitroneneis aufschlagen, bis es weich wird. Nach und nach gekühlten Wodka, flüssiges Obers und Prosecco einrühren.

⬥ Sofort auf die eisgekühlten Sektflöten verteilen.

Vorsicht: Der Sgroppino gerinnt, wenn man ihn länger stehen lässt.

GLACIERTE FEIGEN MIT WEISSWEIN-SABAYON

Provence

ZUTATEN

8 frische, reife Feigen

2 EL Honig

1 TL frische Lavendelblüten, ersatzweise einige
Gewürznelken

FÜR DAS SABAYON

4 Eidotter

100 g Zucker

ca. 200 ml Blanc de Blancs (oder anderer trockener
Weißwein)

Schale von 1 unbehandelten Zitrone, abgerieben

BACKOFENTEMPERATUR: 160 °C

BACKZEIT: ca. 30 Minuten

TIPP: Noch rascher und für wirklich heiße Sommertage passender lässt sich dieses Dessert gestalten, wenn man zu den Feigen statt des Sabayons eine große Portion Vanilleeiscreme serviert.

ZUBEREITUNG

• Die Feigen in eine feuerfeste Auflaufform aufrecht und möglichst dicht nebeneinander hineinschlichten. Jede Feige mit einer Gabel mehrmals rundum anstechen und gut mit Honig einstreichen. Lavendelblüten oder Nelken darüber streuen und gerade so viel Wasser eingießen, dass der Boden der Form bedeckt ist. Auflaufform in den auf 160 °C vorgeheizten Backofen stellen und ca. 30 Minuten backen.

• Währenddessen für das Sabayon in einer Kasserolle den Weißwein langsam erhitzen. Zitronenschale gemeinsam mit dem Zucker zugeben. Nach und nach Eidotter untermengen und dabei – bei mäßiger Hitze – ständig mit dem Schneebesen weiterschlagen, bis die Masse schön sämig wird. Vom Feuer nehmen und je nach Wunsch noch warm zu den glacierten Feigen reichen oder aber in einer mit Eiswürfeln gefüllten Schüssel unter ständigem Umrühren abkühlen lassen.

• Die fertig gebackenen Feigen aus dem Backofen nehmen und leicht überkühlen lassen. Auf Tellern anrichten, mit der verbliebenen Flüssigkeit übergießen und mit dem Sabayon garnieren.

BIRNEN IN ROTWEIN

Provence

ZUTATEN

4 kleine Williamsbirnen, geschält

80 g Kristallzucker

1 Päckchen Vanillezucker

500 ml kräftiger Rotwein

100 ml Brombeerlikör

Saft von 1 Zitrone

1 Vanilleschote

$^1/_2$ Zimtstange, 3 Gewürznelken

160 g Vanilleeis

8 Minzeblätter

GARZEIT: ca. 25 Minuten

ZUBEREITUNG

• Die Vanilleschote halbieren und das Mark auskratzen. In einer Kasserolle Rotwein, Zucker, Vanillezucker, Brombeerlikör, Zitronensaft, Vanilleschoten, Vanillemark, Zimtstange und Gewürznelken zum Kochen bringen. Birnen einlegen und unter gelegentlichem Wenden auf kleinster Flamme etwa 25 Minuten lang ziehen lassen, bis sie weich und glasig, aber noch bissfest sind.

• Birnen im Sud abkühlen lassen und anschließend im Sud über Nacht im Kühlschrank ziehen lassen.

• Dann die Birnen halbieren und vom Kerngehäuse befreien. In die so entstandenen Höhlungen Vanilleeis einfüllen und mit Minzeblättern garniert servieren.

CJALÇONS (SÜSSE MAULTASCHEN)

Friaul

ZUTATEN

Ravioliteig nach Grundrezept auf S. 66

FÜR DIE FÜLLE

4 Kartoffeln

100 g Räucherricotta (geräucherter Ricotta), gerieben

1 Apfel, 1 Birne

1–2 EL Kräuter (Petersilie, Basilikum, Minze, Zitronenmelisse u. ä.), fein gehackt

Schale von 1 unbehandelten Zitrone, abgerieben

1 EL Rosinen, 4 Kekse, zerdrückt

50 g Bitterschokolade, gerieben

4 EL Zwetschkenmarmelade

Eidotter zum Bestreichen, Salz

ZUM ANRICHTEN

2 EL Staubzucker mit 1 TL Zimt vermengt

4 EL Räucherricotta, gerieben, 6 EL Butter, zerlassen

ZUBEREITUNG

◆ Ravioliteig nach Grundrezept zubereiten und mithilfe einer Nudelmaschine oder mit einem Nudelholz möglichst dünn ausrollen. Aus dem Teig mit einem runden Ausstecher (oder einem umgedrehten Glas) runde Scheiben von ca. 8 cm Durchmesser ausstechen.

◆ Für die Fülle die geschälten Kartoffeln kochen und durch ein Passiersieb drücken. Die übrigen Zutaten für die Fülle möglichst klein hacken und mit dem Kartoffelpüree vermischen. In die Mitte jedes Teigplättchens etwas Fülle setzen, Ränder mit Dotter bestreichen und den Teig täschchenartig zusammenklappen. Rand mit Daumen und Zeigefinger gut verschließen.

◆ In reichlich Salzwasser al dente (bissfest) kochen, herausheben und abtropfen lassen. Mit geriebenem Räucherricotta und Zimtzucker bestreuen sowie mit reichlich brauner Butter beträufeln und heiß servieren.

GARZEIT: ca. 4–5 Minuten

CRÊPES SUZETTE

Südfrankreich

ZUTATEN
FÜR DEN TEIG

125 ml Milch

2 Eier

80 g Mehl, glatt

2 EL Schlagobers

1–2 EL geschmolzene Butter

je 1 Prise Salz u. Zucker

Butter zum Backen

Staubzucker zum Bestreuen

FÜR DIE ORANGENSAUCE

3 unbehandelte Orangen

1 unbehandelte Zitrone

1–2 EL Butter

1 EL Kristallzucker

8 cl Grand Marnier oder Cointreau (Orangenlikör)

ZUBEREITUNG

◆ Sämtliche Zutaten für den Teig zu einem dünnflüssigen Teig verrühren. In heißer Butter 8 Crêpes backen, sofort mit Staubzucker bestreuen und warm stellen.

◆ Eine Orange und die Zitrone sehr gut waschen, trocken tupfen. Jeweils einige Schalen abschneiden, in sehr feine Streifen schneiden und beiseite legen. Alle Orangen und die Zitrone auspressen, Fruchtsäfte miteinander vermengen.

◆ Jede Crêpe mit etwas Orangen-Zitronen-Saft beträufeln, zweimal zu einem Viertelkreis zusammenschlagen.

◆ Entweder bei Tisch auf einem Rechaud oder in einer Pfanne Butter schmelzen, Zucker und die beiseite gelegten Schalen einrühren, restlichen Orangensaft zugießen und erwärmen. Zusammengefaltete Crêpes einlegen und unter einmaligem Wenden ebenfalls kurz erhitzen.

◆ Erwärmten Grand Marnier darübergießen und anzünden. Sobald das Feuer verloschen ist, portionsweise anrichten.

FEIGENRISOTTO MIT HIMBEERMARK

Italien

ZUTATEN

250 g Risottoreis (Arborio oder Vialone)

4 frische Feigen

40 g Butter, 50 g weiße Schokolade

1 l Milch zum Aufgießen

100 ml Prosecco (oder Sekt)

50 g Kristallzucker

FÜR DAS HIMBEERMARK

ca. 200 g Himbeeren

30 g Staubzucker, 1 EL Himbeergeist

GARZEIT: 18–20 Minuten

ZUBEREITUNG

◆ In einem tiefen Topf den Kristallzucker schmelzen, ohne ihn Farbe nehmen zu lassen. Den Reis beigeben, glasig anlaufen lassen und mit Prosecco ablöschen. Hitze reduzieren und unter ständigem Rühren die Milch nach und nach zugießen, wobei der Reis nie „schwimmen" soll.

◆ Nach 18–20 Minuten die in Würfel geschnittene Butter sowie die Schokolade unter den al dente gegarten Reis mengen, ebenso die klein geschnittenen Feigen. Risotto mit dem inzwischen vorbereiteten Himbeermark servieren.

◆ Für das Himbeermark die Himbeeren mit den restlichen Zutaten vermengen und mit dem Stabmixer zu cremiger Konsistenz mixen. Durch ein Sieb passieren und mit dem Risotto anrichten.

TIPP: Statt der hier verwendeten Feigen eignen sich auch andere Früchte, wie etwa Mango oder Papaya, für dieses aparte Dessert. Lassen Sie Ihrer Fantasie ruhig freien Lauf.

Glossar

Mediterrane und allgemeine Küchenausdrücke, die man kennen sollte

A

Al dente – bissfest

Anschwitzen – in heißem Fett kurz anrösten

Antipasti – kleine, appetitanregende Vorspeisen (ital.)

B

Biskotte – Löffelbiskuit

Blanchieren – etwas mit kochendem Wasser überbrühen

Bräter – große Bratpfanne

Bruschetta – kleine geröstete und belegte Brotschnitte

C

Ciabatta – italienisches Weißbrot

Concassé – würfelig geschnittene, geschälte und entkernte Tomaten

Confit – Eingemachtes

Corail – Rogen von Schaltieren

Courtbouillon – Sud zum Garen von Fischen

Crêpe – dünne französische Palatschinke

Crespelle – dünne, pikant gefüllte italienische Palatschinke

Crostino – größere geröstete und belegte Brotschnitte

Cuttern – mit dem Blitzcutter (Küchenmaschine) zerkleinern

E

Eidotter – Eigelb

Eierschwammerln – Pfifferlinge

Eiklar – Eiweiß

Einbrenn – Mehlschwitze

Farce – Füllmasse

F

Faschiertes – Hackfleisch

Fingerkarotten – zarteste Karotten in der feinen Küche

Flambieren – etwas mit Alkohol übergießen und anzünden

„Flotte Lotte" – Passiersieb

Focaccia – römische Verwandte der Pizza

Fond – Saucengrundlage, die beim Kochen, Dünsten etc. von Speisen entsteht

Frittata – Eierkuchen

G

Gelbe Rübe – Möhre

Gnocchi – kleine Klößchen

Grand Marnier – frz. Orangenlikör

Gratinieren – etwas bei großer Hitze im Backrohr überbacken

H

Hefe – Germ

J

Julienne – kleinstiftelig geschnittenes Wurzelgemüse

Jus – konzentrierter, entfetteter Bratensaft

K

Kalbsstelze – Kalbshaxe

Kalt schlagen – eine Masse im eiskalten Wasserbad schlagen, bis diese kalt ist

Karamellisieren – Zucker durch Erhitzen bräunen

Karkassen – Knochengerüst von Geflügel oder Gräten ohne Fleisch

Karotte – Mohrrübe

Kitz – junge Ziege, Zicklein

Kohl – Wirsing

Korinthen – kleine, kernlose getrocknete Weinbeeren

Kotelett – Rippchen

Krapfen (Krapferl) – in Fett herausgebackenes Gebäck

Kraut – Weißkohl

Kutteln – Kaldaunen

L

Läuterzucker – Wasser und Zucker im Verhältnis 1:1 aufgekocht

Legieren – binden (meist mit Eidotter oder Butter)

Limetten – Zitrusfrucht

Limone – Zitrusfrucht

Lungenbraten – Filet

M

Madeira – süßer Wein von der gleichnamigen Insel, sehr gut zum Kochen geeignet

Marille – Aprikose

Marinieren – etwas in Aromastoffen, Wein o. ä. ziehen lassen und dadurch aromatisieren

Maroni – Edelkastanie

Marmelade – Konfitüre

Marsala – sizilianischer Süßwein, der sich sehr gut zum Kochen eignet

Melanzani – Auberginen

Mie de pain – entrindetes und sehr fein geriebenes Weißbrot

Montieren – Sauce binden (meist mit kalter Butter)

N

Navetten – zarte gelbe oder weiße Rüben, die auch roh gegessen werden können

Noilly-Prat – französischer Wermut, sehr gut zum Kochen geeignet

O

Omelett – Eierkuchen

P

Palatschinken – Eier- oder Pfannkuchen

Pancetta – ital. Bauchspeck

Panieren – etwas in Mehl, verquirltem Ei und Bröseln wenden

Parieren – vor dem Braten sauber zuputzen (Häutchen, Sehnen etc. entfernen)

Passieren – durch ein Sieb pressen

Pasta – ital. Nudeln

Pelati – geschälte Tomaten aus der Dose

Pernod – französischer Anislikör, in vielen provençalischen Saucen verwendet

Pesto – kalte Würzpaste

Piccata – Schnitzel

Pochieren – knapp unter dem Siedepunkt garen

Polenta – Maisgrieß

R

Reduzieren – bis zur gewünschten Konsistenz einkochen lassen (vor allem Saucen)

Rosine – Weinbeere

Rote Rübe – Rote Bete

S

Sabayon – über Dampf aufgeschlagene Eiercreme

Salsicce – kleine ital. Bratwürstchen, die sich gut zum Kochen eignen

Sauerkraut – Sauerkohl

Sauerrahm – saure Sahne

Schlagobers – süße Sahne

Schmalz – ausgelassenes Schweinefett

Semmelbrösel – Paniermehl

Shaker – Edelstahlbecher zum Mixen (Shaken) von Bar-Drinks

Soufflé – Auflauf

Spanferkel – junges Milchschwein

T

Tabascosauce – sehr scharfe Würzsauce

Tahin – Sesampaste zum Würzen

Tapas – spanische (ursprüngl. andalusische) Vorspeisen und kleine Happen

Tarte – frz. süßer Kuchen

Temperieren – etwas ganz langsam erwärmen

Topfen – Quark

Tournieren – Zuputzen und in Form bringen (vor allem Gemüse)

Tramezzini – ital. Sandwiches (ohne Rinde)

U

Umstechen – etwas von einer Pfanne o. ä. in ein anderes Gefäß geben

V

Versprudeln – mit einer Schneerute verschlagen

Vinaigrette – pikante kalte Kräutersauce

Vorteig – Dampfl (zur Germteigbereitung)

W

Warm schlagen – eine Masse über Dampf schaumig aufschlagen

Weichsel – Sauerkirsche

Weißkraut – Weißkohl

Wurzelwerk – Wurzel- oder Suppengemüse

Z

Zabaione (Zabaglione) – italienische Weincreme

Zeste – hauchdünn geschnittene Schale von Orangen oder Zitronen

Rezeptverzeichnis

ISBN 978-3-85431-660-2

© 2014 by Pichler Verlag in der
Verlagsgruppe Styria GmbH & Co KG
Wien · Graz · Klagenfurt

Bücher aus der Verlagsgruppe Styria
gibt es in jeder Buchhandlung und im Online-Shop

styriabooks.at

LEKTORAT: Marion Mauthe
COVER: Bruno Wegscheider
COVERFOTO: Luzia Ellert; Foto S. 180: Peter Barci
BUCHGESTALTUNG: Maria Schuster
REPRODUKTION: Pixelstorm, Wien

DRUCK UND BINDUNG:
Gorenjski tisk storitve d.o.o.
7 6 5 4 3 2 1
Printed in Slovenia